W0372601

JOLANDA ENGLBRECHT

Weekend Gärtner

wenig tun – viel genießen

> Gärtnern 1 x pro Monat genügt
> Pflegeleichte Gärten anlegen
> Zeitspartipps für Vielbeschäftigte

Inhaltsverzeichnis

Seite 27

Start in den Frühling

Seite 49

Hochsaison im Sommer

Seite 73

Ausklang im Herbst

Zum Nachschlagen:

GÄRTNERN NUR AM WOCHENENDE!

Ein schöner Garten ist Ihr großer **Traum**? Sie meinen aber, Sie haben zu **wenig Zeit** für die Gartenarbeit? Dann schauen Sie in dieses Buch: Dort finden Sie alle wichtigen **Tipps & Tricks**, damit Ihr Garten ein richtiger Weekend-Garten wird, in dem auch der **Genuss** nicht zu kurz kommt.

Gartenglück trotz wenig Zeit!

Gartentrends kommen häufig aus England. Dort gibt es bereits viele Weekend-Gärtner, die es schaffen, mit nur einem Wochenend-Date pro Monat ihren Garten in Schuss zu halten.

TIPP

Bin ich ein Weekend-Gärtner?

Haben Sie das richtige Buch gekauft? Diese Punkte werden Ihre Entscheidung vermutlich bestätigen:

- Sie lieben die Gartenarbeit – jedoch in Maßen, vielleicht an dem einen oder anderen Wochenende?
- Sie wollen im Garten vor allem kreativ sein?
- Sie haben unter der Woche viel zu tun und nutzen freie Tage gern für Trips zu Freunden oder zu Events?
- Sie wollen aber gleichzeitig einen schönen Garten zum Wohlfühlen haben?
- Sie schätzen Pflanzen mit schönen Blüten, möchten aber nicht viel Zeit für ihre Pflege aufbringen?
- Sie wollen Ihren Garten auch genießen und in ihm relaxen können?
- Kinder sollen im Garten toben und spielen dürfen?

Können Sie fast jeden Punkt abhaken? Dann haben Sie einen guten Kauf getan!

APPETIT AUF WEEKEND-GARTEN

In Maßen ein Genuss, in Massen aber lästig und ermüdend: So geht es den meisten Gartenbesitzern mit der Gartenarbeit. Weil zudem im 21. Jahrhundert Beruf und Karriere großes Engagement verlangen, ist die Zeit für den Weekend-Garten gekommen – wenn nicht überreif. Nur einmal im Monat am Wochenende im Garten arbeiten, und ansonsten den Garten bequem gebettet (→ rechts) genießen, darin Feste feiern – oder ihn getrost alleine lassen und andere Dinge erledigen – das ist voll im Trend! Dieses Buch hilft Ihnen dabei, Ihren Garten auf Weekend-Kurs zu bringen.

ÜBERZEUGT DIE GARTEN-OPTIK?

Sieht ein Weekend-Garten nicht irgendwann einmal richtig vergammelt aus? Eben nicht, wenn er entsprechend trickreich geplant wird. Es gibt einfache Mittel, die dem Unkraut das Sprießen schwer machen. Auch ein Rasen kann noch nett aussehen, selbst wenn er nicht auf die klassische englische Art jeden zweiten Tag gemäht wird. Das im Sommer unentbehrliche Gießen von Garten, Töpfen, Kübeln und Kästen können sogar automatisch arbeitende Bewässerungssysteme übernehmen. Und für die verschiedenen Pflegearbeiten gibt es auch leichte und handliche, Arbeit sparende Geräte. Klicken Sie doch einfach mal im Internet die Seiten von verschiedenen Gartenfachhändlern an! Sie werden sich wundern, was sich in den letzten Jahren auf diesem Sektor alles verändert hat.

Auch im Internet werden Arbeit sparende Geräte angeboten.

LAZY GÄRTNERS SONNENLIEGE

Genüsslich auf einer selbstgebauten Sonnenliege im eigenen Garten relaxen und Kraft für die nächste Business-Woche schöpfen – das ist ein Traum, den Sie sich leicht und preiswert erfüllen können! Sie brauchen dafür:

- Zwei Holzpaletten von einheitlicher Größe.
- Zwei im Fachgeschäft passend auf die Paletten zugeschnittene Schaumstoffmatratzen von mindestens 5 cm Stärke.
- Ein Kissen und/oder eine Schlummerrolle.
- Kräftigen Stoff in einem trendigen Muster zum Beziehen der Schaumstoffpolster, des Kissens und/oder der Schlummerrolle.
- Eine nähkundige, hilfreiche Person und pro Polster/Kissen einen Reißverschluss passender Länge – oder
- Als Alternative für nähmaschinenfreie Zonen: doppelseitiges Textilklebevlies, etwa 16 kleine Ösen und eine Ösenzange, dazu mehrere Meter Schnur.

Die Einwegpaletten aus Holz können Sie für wenig Geld oder vielleicht sogar kostenlos im Baumarkt oder auf dem Wertstoffhof bekommen. Suchen Sie sich zwei möglichst neue und saubere von gleicher Größe aus. Messen Sie die Paletten ab und lassen Sie im Schaumstoffgeschäft zwei passende Polster zuschneiden. Sie sollten mindestens 5 cm stark sein. Im Kaufhaus oder im Bettengeschäft erhalten Sie ein Kissen oder eine Schlummerrolle oft im Sonderangebot. Für die Bezüge eignen sich am besten kräftige Qualitäten, z. B. Markisenstoff. Vielleicht kennen Sie jemanden, der so geschickt ist, daraus passende Bezüge zu nähen? Sie sollten unbedingt zum Waschen wieder abgezogen werden können – also Reißverschlüsse einnähen lassen. Ganz ohne Nähmaschine können Sie die Polster aber auch beziehen: Die Schnittkanten des Stoffes werden mit einem doppelseitigen Textilklebevlies gesäumt. In zwei gegenüberliegende Stoffkanten werden mit der Zange in gleichem Abstand jeweils etwa vier Ösen gedrückt. Sie kommen auf die Unterseite des Polsters. Durch zwei gegenüberliegende Ösen wird dann jeweils eine Schnur gezogen und der Stoff gespannt. Für Kissen und Rolle gibt es auch fertige Bezüge.

Direkt ins Beet säen.

Gehölze einpflanzen.

Basics

Gut geplant ans Werk!

Die schlechte Nachricht zuerst: Auch im Weekend-Garten kommt die Arbeit vor dem Vergnügen. Aber jetzt die positive Message: Durch gute Planung und geschickte Wahl der Materialien lässt sich das Handling auf ein erfreuliches Minimum reduzieren!

Wenn Sie im Februar draußen die ersten warmen Strahlen der Frühjahrssonne genießen, wird es allerhöchste Zeit, das Gartentiming festzulegen. Nutzen Sie am besten bereits die winterliche Ruhezeit für eine durchdachte Planung. Dann haben Sie genügend Muße, noch einmal gründlich zu Schmökern und im Internet Gartenthemen anzuklicken. Stellen Sie nach und nach einen übersichtlichen Jahresplan auf: Wollen Sie neue Arten pflanzen oder aussäen, gibt es Rasen oder Hecken, die geschnitten werden sollen? Ist Ihr Garten schon älter und etwas »aus den Fugen« geraten, sodass er durch eine geschickte Umgestaltung wieder auf pflegeleichten Kurs gebracht werden müsste? Den Rahmen für Ihre Planung liefern dabei die Jahreszeiten: Im Frühjahr treiben die Pflanzen aus, im Herbst stellen sie das Wachstum ein oder sterben ab. Das bringt Arbeitsspitzen im Frühjahr und Herbst, im Winter jedoch darf der Weekend-Gärtner pausieren.

ALLES ZUR GÜNSTIGEN ZEIT

Wenn Sie alle Gartenarbeiten zu einem günstigen Zeitpunkt durchführen, werden Ihre Pflanzen mit wenig Aufwand optimal gedeihen. Eine gute Zeit fürs Pflanzen ist zum Beispiel der April; der Mai ist der beste Monat, um Rasen anzusäen oder auszubessern. Im Sommer werden Hecken geschnitten und verwelkte Blüten entfernt, und bei Hitze brauchen durstige Pflanzen dringend belebendes Nass. Im Herbst können Sie wieder viele Arten pflanzen und Blumenzwiebeln setzen. Dann wird es auch Zeit für den Winterschutz, und schließlich muss das Herbstlaub weggefegt werden. Dieses Buch hilft Ihnen bei der Planung.

Machen Sie also von Februar bis Oktober pro Monat ein Weekend-Date mit Ihrem Garten aus und tragen Sie in Ihren Garten-Timer ein, welche Arbeiten Sie durchführen wollen. Überlegen Sie dabei jedoch, ob das geplante Pensum auch wirklich am

Verblühtes abschneiden.

Wege und Terrasse fegen.

Wochenende zu bewältigen ist, und reservieren Sie sich immer Freiräume für Überraschungen aller Art: Wenn es Ihnen ein Date mit dem Garten komplett verregnet, müssen Sie auf das nächste, weniger nasse Wochenende ausweichen. Auch hartnäckige Trockenperioden, unerwünschtes Unkraut oder gefräßige Schnecken werden hin und wieder Sondereinsätze nötig machen.
An arbeitsfreien Wochenenden aber genießen Sie ihr »grünes Wohnzimmer« (→ Seite 62): Legen Sie sich in den Schatten, schnuppern Sie an duftenden Blüten, naschen Sie, was der Weekend-Garten so unvergleichlich frisch bietet – und vergessen Sie auch nicht, mit Freunden zu feiern oder den Kindern einen besonderen Spaß zu bereiten (→ Seite 66).

DIE RICHTIGEN MATERIALIEN

Ein Garten besteht nicht nur aus lebenden Pflanzen, sondern er hat auch einen festen Rahmen. Dazu zählen zum Beispiel die Terrasse, Wege, Zäune, Mauern und Rankgerüste. Sie alle sind unentwegt der Sonne, Regen und Wind, Hitze und Kälte ausgesetzt. Obendrein spielen Kinder mit Vorliebe Karussell auf schwenkenden Torflügeln, und es wird schon einmal das ölige Fahrrad auf der Terrasse zerlegt. Aus allen diesen Gründen ist es sehr ratsam, für diesen »harten Kern« des Gartens robuste und pflegeleichte Materialien zu wählen (→ Seite 14). Spazieren Sie einmal durch Ihre Anlage und fahnden Sie nach Bestandteilen, die intensive Pflege verlangen. Vielleicht können Sie sie ja nach und nach durch bessere Alternativen ersetzen?

DIE PASSENDEN PFLANZEN

Bei den Pflanzen haben Sie die Qual der Wahl. Sicher gibt es die eine oder andere Art, die Sie schon oft in Katalogen oder Zeitschriften bewundert haben – oder Ihnen schwebt vielleicht ein »dufter« Garten vor? Stellen Sie einfach einmal eine Liste Ihrer Wunschpflanzen zusammen. Wenn Sie jedoch ein glücklicher Weekend-Gärtner werden wollen, müssen Sie das Ergebnis dann erst einmal einem harten Check unterziehen: Welche Ansprüche stellen die Wunschpflanzen? Finden sie in Ihrem Garten einen passenden, zum Beispiel sonnigen oder halbschattigen, feuchten oder trockenen Standort? Sortieren Sie anspruchsvolle »Diven« aus der Liste aus und ersetzen Sie sie durch pflegeleichte »Doubles«. Die TOP-8-Seiten dieses Buches werden Ihnen dabei sicher helfen. Oder haben Sie im Garten bereits Arten, die nicht recht gedeihen wollen? Sie können sie entweder an einen passenderen Standort versetzen, oder Sie machen sich hier ebenfalls auf die Suche nach robusteren Alternativen.

GOLDENE WEEKEND-GÄRTNER-REGELN

- Planen sie vom Großen zum Kleinen.
- Wählen Sie robuste, pflegeleichte Pflanzen und Materialien und ersetzen Sie nach und nach alles, was sich nicht bewährt hat.
- Führen Sie die Arbeiten im Garten zu den empfohlenen Zeitpunkten aus.
- Lassen Sie manchmal auch fünf gerade sein.

WEEKEND-GÄRTEN GESTALTEN

Für einen richtig **pflegeleichten** Weekend-Garten gibt es verschiedene **Gestaltungsgrundsätze.** Sie können mit Hilfe dieses Buches auch Ihren Garten **Schritt für Schritt** so **stylen,** dass etwa ein Date mit ihm pro Monat für die Pflege ausreicht.

Was pflegeleichte Beete ausmacht

Nur Rasen im Garten ist doch etwas zu eintönig. Aber üppig blühende Beete stehen im Ruf, viel Arbeit zu machen. Das muss nicht sein! Denn es gibt auch Möglichkeiten, Beete sehr pflegeleicht zu gestalten. Mit dem entsprechenden Know-how ist es ganz einfach.

Gibt es bereits ein Beet in Ihrem Garten? Dann haben Sie möglicherweise auch beobachtet, dass sich bestimmte Pflanzen dort wohl fühlen, andere aber nicht gedeihen oder sogar absterben. Das liegt daran, dass jede Pflanze ihre eigenen **Standortansprüche** stellt.

Der wichtigste Punkt ist die Sonneneinstrahlung: Die eine Art liebt pralle Sonne, die andere Halbschatten, die dritte Schatten. Nur wenige Arten wie der Buchs sind so vielseitig, dass sie im Schatten ebenso gut gedeihen wie in der Sonne. Angaben zu den Ansprüchen der Pflanzen an das Sonnenlicht finden Sie auf den TOP 8-Seiten und Tabellen, sowie beim Pflanzenkauf auf jedem Etikett. Wenn Sie möglichst wenig Pflegearbeit haben wollen, bepflanzen (→ Seite 36/37) Sie Ihr Beet nur mit Arten, die bei den dort herrschenden Lichtbedingungen gut gedeihen.

PFLANZEN GUT KOMBINIEREN

Sie können außerdem zwischen Pflanzen mit unterschiedlichen Lebensformen wählen: Die **Ein- und Zweijährigen** wickeln ihr ganzes Leben – also Keimen, Wachsen, Blühen, Samenbilden und Absterben – in Blitzgeschwindigkeit ab. Wo es ihnen behagt, säen sie sich auch gerne selbst wieder aus. Im Beet sind sie ideal, um rasch Lücken in der Bepflanzung zu schließen. Weitaus langlebiger sind **Stauden**. Ihre unterirdischen Pflanzenteile überleben den Winter und bilden jedes Frühjahr wieder neue Triebe. Robuste Stauden sind die wichtigste Pflanzengruppe für pflegeleichte Beete. Sie können kombiniert werden mit einer Spielart der Stauden, nämlich den **Zwiebel- und Knollenpflanzen**, die vorwiegend im Frühjahr blühen. Nach der Blüte ziehen sie ein. Am besten sollten sie so gepflanzt werden (→ Seite 76), dass benachbarte Stauden, die später austreiben, ihre vergilbenden Blätter überdecken. Während von den obigen Pflanzengruppen im Winter kaum noch etwas zu sehen ist, halten die **Gehölze** mit ihren verholzten Ästen und Stämmen die Stellung. Es gibt laubabwerfende Arten oder immergrüne, die selbst bei Schnee noch frisches Grün zeigen und ihr Laub behalten. Mit den Gehölzen (→ Seite 80–82) können Sie dauerhafte Akzente im Beet setzen. Von jeder Pflanzengruppe sind absolut winterharte, aber auch frostempfindliche Arten im Handel. Wählen Sie nur die erste Variante, da es sehr viel Arbeit macht, empfindliche Formen im Winter zu schützen.

Damit Ihr pflegeleichtes Beet auch eine Augenweide wird, hier noch ein Schnellkurs zur Gestaltung:

Höhenstaffelung. Informieren Sie sich über die Wuchshöhen der Pflanzen. Wenn Ihr Beet an eine Mauer grenzt, kommen die höchsten Arten dorthin, und von hinten nach vorne sollen die Wuchshöhen abnehmen. Bei einem frei stehenden Beet ist ein kegelförmiger Aufbau empfehlenswert: Ins Zentrum setzen Sie die höchsten Arten und zum Rand hin die jeweils niedrigeren. So bekommen auch alle Pflanzen möglichst viel Licht, um optimal zu gedeihen.

Blütezeiten. Kombinieren Sie Frühjahrs-, Sommer- und Herbstblüher mit gleichen Ansprüchen (→ Top 8), damit im Beet immer etwas blüht.

Farben. Bei Arten, die zur gleichen Zeit blühen, sollen die Farben harmonieren (→ Seite 40). Überlegen Sie also, ob Ihnen die angestrebte Mischung auch gefällt.

UNKRAUT ADE!

Was tun gegen Unkraut? Das Zauberwort heißt: bedeckter Boden. Ohne Licht können Unkräuter gar nicht erst keimen. Es gibt verschiedene Möglichkeiten, den Boden zwischen den Pflanzen und zum Beetrand hin abzudecken:

➤ **Bodendeckerpflanzen** sind Arten, die nicht sehr hoch werden, aber kräftig in die Breite wachsen und dichtes Blattwerk ausbilden. Für sonnige Standorte empfehlen sich z.B. Bodendeckerrosen wie die blutrote Sorte 'Mainaufeuer', die nur etwa 50 cm hoch, aber sehr breit werden. Gut geeignet sind auch niedrige, Polster bildende Arten wie Teppich-Phlox (*Phlox-Subulata*-Hybride) und Zitronen-Thymian (*Thymus* x *citriodorus*). Für Halbschatten oder Schatten sind Immergrün (*Vinca minor*) oder Efeu (*Hedera helix*) ideal. Sobald die Bodendecker die Fläche überwachsen haben, braucht nicht mehr gejätet zu werden.

➤ **Kies und Rindenmulch** sind Alternativen, wenn Sie keine Pflanzen als Bodendecker einsetzen wollen oder können. Wer etwas gestalterisches Geschick besitzt, kann Materialien in unterschiedlichen Farben kombinieren und mit Mustern schöne Akzente setzen. Damit nicht doch noch Unkraut durch die Schichten sprießt, können Sie vor dem Ausbringen ein Bändchengewebe aus dem Fachhandel darunterlegen. Gestalten Sie den Beetrand zur Wiese hin so, dass Sie dort alles Gras bequem abmähen können (→ Seite 36).

Robuste Arten wie Storchschnabel sind für pflegeleichte Beete empfehlenswert.

Immergrüne Gehölze wie Buchs bringen Struktur ins Staudenbeet.

Funktionselemente eines Gartens

Ein gut gestalteter Garten ist wie ein Wohnzimmer im Freien: Dort gibt es auch einen Sitzplatz, einen Rasenteppich, über den vielleicht ein Weg verläuft, und für Sichtschutz sorgt ein Vorhang aus Pflanzen. Selbst die Wand – hier die Einfriedung – kann aus lebenden Gewächsen bestehen.

Trittplatten im Rasen.

Auch Wege wollen gut geplant sein, sie sollen bequem begehbar und nicht zu pflegeaufwändig sein. In seiner schlichtesten Form kann ein Gartenweg aus einem **Rasenstreifen** bestehen, der mit dem Mäher kurz gehalten wird. Bei Regen holt man sich hier aber nasse Füße. Viel trockener bleiben Wege, die mit **Rindenchips** oder **Kies** belegt sind. Bevor dieser Belag aufgebracht wird, empfiehlt es sich wieder, ein Bändchengewebe auszulegen, damit später kein Unkraut sprießen kann. Etwas teurer, aber sehr haltbar und pflegeleicht sind mit **Natursteinplatten** oder frostsicherem **Klinker** gestaltete Wege. Sie sollten – besser vom Fachmann – in ein Sandbett verlegt werden, damit sie im Laufe der Jahre nicht einsinken. Ein minimales Gefälle vom Haus weg sorgt dafür, dass Regenwasser abfließen kann und sich keine Pfützen bilden. Holz ist hier nicht so empfehlenswert: Es hat eine begrenzte Lebensdauer und ist in nassem Zustand sehr rutschig. Für weniger häufig begangene Wege eignen sich auch in Schrittweite verlegte **Trittplatten**. Versiegeln Sie übrigens Zufahrten und Stellplätze nicht völlig mit einem Belag. Hier sind **Rasengittersteine** oder **Lochklinker** ideal und ökologisch sinnvoller.

LAUSCHIGE SITZPLÄTZE

Wenn der Garten groß genug ist, können Sie zusätzlich zum sonnigen Terrassensitzplatz an einem schönen Ort einen **Zweitsitzplatz** anlegen. Das kann eine Bank unter einer hölzernen **Pergola** sein, die mit Schatten spendenden Klettergehölzen berankt ist. Wählen Sie für solche Konstruktionen am besten kesseldruckimprägnierte Hölzer, da Anstriche alle paar Jahre wieder erneuert werden müssen. Vielleicht lassen Sie auch einen kleinen **Pavillon** errichten, dessen Dach vor Sonne wie vor Regen schützt. Für Schatten kann ebenfalls ein **Sonnensegel** sorgen. Wenn Sie Kinder haben, finden in der Nähe vielleicht auch noch ein Sandkasten oder eine Schaukel Platz.

SICHTSCHUTZ – AUCH MOBIL

Ob Terrasse, Gartensitzplatz oder Balkon: Vor allzu neugierigen Blicken aus der Nachbarschaft schützen Kletterpflanzen wie die Waldrebe (*Clematis*-Arten). Sie brauchen Spaliere oder Rankgerüste aus imprägniertem Holz oder verzinktem Metall, die an einer Wand, im Boden, in einem Kasten oder Kübel befestigt werden. Frei stehende Gefäße mit Kletterhilfen können Sie auch verrücken – immer dorthin, wo sie gerade gebraucht werden.

LICHT UND WASSER

Im Vorgarten ist schon aus Sicherheitsgründen Licht notwendig. Am besten werden die Lampen über Bewegungsmelder gesteuert, die willkommene Gäste begrüßen und ungebetene vertreiben. Auch im Wohngarten ist Licht empfehlenswert. Lampen leuchten dort nicht nur Sitzplätze und wichtige Wege aus, sondern verzaubern auch laue Sommernächte. Wählen Sie für die Außenbeleuchtung aber nur wasserdichte und schlagfeste Ausführungen.
Zum Gießen, Erfrischen und fürs Cleaning ist ein Wasseranschluss draußen sehr praktisch, z. B. ein Wasserhahn an der Hauswand, die zur Gartenseite liegt.

Sitzplatz mit Sonnensegel.

TIPP

Was kommt wohin?

- Wege verbinden den Eingang zum Grundstück mit der Haustür und der Garage. Sie führen zur Mülltonne, zur Regentonne, zum Komposthaufen und zum Sitzplatz. Sie tangieren auch Beete, vor allem solche, in denen Nahrhaftes wie z. B. Kräuter gezogen wird.
- Sitzplätze sollten sich, soweit möglich, nicht auf die Terrasse beschränken. Ein Zweitsitzplatz kann unter dem Schatten eines Baumes angelegt werden. Ein guter Platz ist auch neben einem schönen Beet, wo Sie die Blütenpracht und den Duft genießen können.
- Wenn Gartenmöbel den ganzen Sommer über an der gleichen Stelle bleiben sollen, empfiehlt es sich, die Standfläche zu befestigen. Dafür kommen die gleichen Materialien in Frage wie für Wege.

Klassischer englischer Rasen.

Rasen flächig aussäen.

Rasen, das Allround-Talent

Das absolute Basic-Element im Weekend-Garten ist der Rasen. Kaum ein Garten kommt ohne ihn aus – ob als exakt geschorene, englische Ziervariante oder als strapazierfähiger Gebrauchsrasen für Spiel und Sport: Rasen ist der Teppich Ihres Outdoor-Wohnzimmers! Oder wie wärs mit einer wild-romantischen Blumenwiese? Auch sie kommt mit wenig Pflege aus.

Auf dem Rasen wird gearbeitet und Sport getrieben, auf ihm spielen Kinder, liegen Sonnenanbeter, und während der Gartenparty stellt er auch noch die Tanzfläche. Sein sattes Grün signalisiert natürliche Frische und entspannt die Augen. Dafür verlangt er erstaunlich wenig Zuwendung: Nur regelmäßiges Mähen, Wässern und Düngen.

AUSSAAT AUS DER TÜTE

Für die Aussaat eines Rasens oder auch einer Blumenwiese empfiehlt sich ein trockenes, nicht allzu sonniges Wochenende im Mai. Die Temperaturen sollten bereits dauerhaft über 10 °C liegen. Berechnen Sie vorher, welche Menge an Samen Sie brauchen werden. Die benötigte Saatgutmenge hängt ab von den beigemischten Arten und den Bodenverhältnissen in Ihrem Garten. Detaillierte Informationen dazu finden Sie auf den Verpackungen der im Fachhandel angebotenen Mischungen. Als Faustregel gilt, dass durchschnittlich etwa 20–25 g Samen pro Quadratmeter benötigt werden.

Damit Sie möglichst lange Freude an Ihrem Rasen oder der Wiese haben, sollten Sie vor der Aussaat den Boden gut vorbereiten. (Sie können aber auch einen Fachmann damit beauftragen.)

➤ Graben Sie ihn einen Spaten tief um und entfernen Sie Wurzeln, Unkräuter und größere Steine.

➤ Rechen Sie dann die Oberfläche eben, damit sich nirgends Wasserpfützen ansammeln können, in denen die Samen und die jungen Gräser ertrinken.

➤ Für die Aussaat von Hand schütten Sie die Samen aus der Tüte in eine flache Schüssel, die Sie bequem unter den Arm klemmen

Üppig blühender »Gebrauchsrasen«.

Rollrasen ist schnell gelegt.

können. Füllen Sie die andere Hand locker mit den Samenkörnern. Lassen Sie zwischen Daumen und Zeigefinger eine kirschgroße Öffnung und schwenken Sie die Hand am ausgestreckten Arm waagrecht über die Fläche. So verteilen sich die aus der Öffnung fliegenden Körner gleichmäßig.

➤ Etwas bequemer können Sie mit einem geliehenen Streuwagen (Düngerstreuer) die Samen aussäen.

➤ Drücken Sie nach der Aussaat die Körnchen mit Trittbrettern oder einer Walze fest auf den Boden, und besprühen Sie die Fläche anschließend mit einem feinen Wasserstrahl, sodass die Samen nicht fortgespült werden, aber der Boden bis in 3–4 cm Tiefe gut nass ist.

Schon nach einer Woche zeigen sich die ersten Blattspitzen. Wässern Sie während des ersten Monats regelmäßig die keimenden Pflanzen. Ist der Rasen etwa 10 cm hoch, kürzen Sie ihn auf 5 cm ein. (Die meisten Rasenmäher lassen sich entsprechend einstellen.) Dadurch verzweigen sich die Gräser und bilden bald einen dichten Teppich, der Unkräutern kaum eine Chance lässt. Blumenwiesen hingegen lässt man ungeschoren wachsen.

RASEN »VON DER ROLLE«

Auf Bestellung gibt es im Fachhandel so genannten Rollrasen, der im Nu zum fertigen Rasen anwächst, allerdings auch nicht ganz billig ist. Er wird, mitsamt den Wurzeln aufgerollt wie ein Teppich, geliefert und sollte dann möglichst rasch im Garten ausgebracht werden. Als preiswertere Alternative findet sich im Handel ein Textilvlies, in das bereits Grassamen und Dünger eingearbeitet wurden. Dieses Vlies unterdrückt Unkräuter, bis der Rasen kräftig genug ist, und löst sich dann rückstandsfrei auf. Wie bei einem Teppich wird das Vlies von der Rolle gezogen und auf den vorbereiteten Gartenboden gelegt. Damit es nicht verrutscht, befestigen Sie die Ränder mit kleinen Holzpflöcken oder Steinen im Boden. Dieses Vlies eignet sich besonders für Flächen am Hang, wo lose Samen leicht abgespült werden können.

RASEN ODER BLUMENWIESE?

Ein Rasen wird im Unterschied zur Wiese kurz gehalten. Vielen schwebt beim Stichwort Rasen das Bild des knapp geschorenen, feinen, englischen Rasens vor. Dieser braucht viel Pflege. Empfehlenswerter für Weekend-Gärtner ist ein etwas gröberer Gebrauchsrasen, der nicht so oft gemäht werden muss. Er verträgt es auch, wenn hin und wieder eine Rasselbande über ihn hinwegtobt. Nur bei intensiver Nutzung entstehen hin und wieder Fehlstellen, die Sie aber leicht ausbessern können (→ Seite 54).

In Blumenwiesen hingegen finden sich neben Gräsern auch schön blühende Wildkräuter. Sie sind relativ pflegeleicht, weil sie nur ein- bis zweimal im Jahr gemäht werden. Jedoch eignen sie sich nicht als Spielwiese, und die Samen der Wildkräuter fliegen weit, manchmal auch in Beete. Wenn diese beim Nachbarn liegen, kann es Ärger geben. Dazu kommt, dass eine Wiese nicht überall gut aussieht: So bringt eine ruhige, grüne Rasenfläche angrenzende Stauden und Gehölze weitaus besser zur Geltung.

Grenzfälle im Weekend-Garten

Überall gibt es Grenzen: Zollgrenzen, Leistungsgrenzen, Schmerzgrenzen und, last not least, Grundstücksgrenzen. Wir brauchen letztere, um unseren privaten Bereich zu kennzeichnen, in dem wir uns nach Gärtners Lust austoben wollen.

Einfriedungen schützen vor neugierigen Blicken, vor Staub und Lärm von der Straße und vor streunenden Hunden. Wenn Sie sich übrigens mit den Nachbarn einigen und zusammen genau auf der Grundstücksgrenze eine Einfriedung errichten, halbieren sich die Kosten, und darüber hinaus verbleibt Ihnen dadurch etwas mehr Gartenfläche.

DAUERHAFTE GARTENZÄUNE

Wählen Sie ein Modell, das sich in die Umgebung harmonisch einfügt und möglichst pflegeleicht ist.

➤ Der klassische **Maschendrahtzaun** – am besten mit grünem Kunststoff ummantelt – ist preiswert und langlebig. Wenn Sie ihn von Kletterpflanzen überwuchern lassen, sieht er natürlicher aus. Auch mit Hecken lässt er sich gut kombinieren.

➤ Der massivere **Stabgitterzaun** ist teurer, aber elegant, stabil und fast unverwüstlich. Es gibt im Fachhandel feuerverzinkte oder kunststoffummantelte Modelle zu kaufen.

➤ Der beliebte **Holzzaun** ist in vielen Formen erhältlich, z.B. als Lattenzaun. Achten Sie auf Qualität (→ rechts), damit Sie möglichst wenig Pflegeaufwand mit ihm haben. Auch imprägniertes Holz wird durch die Witterung langsam grau. Wenn Ihnen das nicht gefällt, können Sie den Zaun mit Lasur oder Farbe streichen. Der Anstrich muss dann aber spätestens alle fünf Jahre erneuert werden.

HECKEN-VIELFALT

Hecken sind lebendige Zäune, in denen Vögel und allerlei nützliche Insekten hausen können. Es gibt zwei Typen davon:

➤ **Frei wachsende Hecken**

Sie sind die natürlichste Form einer Einfriedung, brauchen aber etwas Platz, denn sie werden bis zu 2 m breit. Dafür benötigen sie kaum Pflege, und sie sehen im Frühjahr in ihrer Blütenpracht umwerfend aus. Empfehlenswerte Blütengehölze sind z. B. Deutzie (*Deutzia* x *magnifica*), Flieder (*Syringa*-Hybriden), Forsythie (*Forsythia* x *intermedia*), Kolkwitzie (*Kolkwitzia amabilis*), Mahonie (*Mahonia aquifolium*, immergrün), Spiere (*Spiraea* x *vanhouttei*) und Weigelie (*Weigela florida*). Nicht zu dicht an den Zaun pflanzen, sonst hängen die Triebe bald über und müssen abgeschnitten werden!

➤ **Formhecken**

Sie kommen schon mit ungefähr 1 m Breite aus und bestehen in der Regel nur aus einer Art. Für kleine Gärten ist die immergrüne (giftige) Eibe (*Taxus*-Arten) ideal, die nur einmal im Jahr, am besten Ende Juli, geschnitten wird. Auch hoch werdende Formen des Buchs eignen sich gut für solche Hecken. Laubabwerfende Arten wie die Hainbuche (*Carpinus betulus*) wachsen etwas schneller, manchmal sind sie jedoch nur durch zweimaligen Schnitt zu bändigen (→ Seite 80/81), der am besten Ende Juni und im Sommer durchgeführt wird.

Holzzaun
Mit farbigen Lattenzäunen lassen sich wirkungsvolle Akzente setzen. Sie müssen aber alle paar Jahre frisch gestrichen werden.

Frei wachsende Hecken
Eine Blütenhecke begrenzt das Grundstück locker und natürlich, macht wenig Arbeit und ist ein schöner Anblick.

Schnitthecken
In Form geschnittene Gehölze sind wie eine grüne Mauer: Sie schützen vor Blicken, Staub und Lärm. Aber sie machen mehr Arbeit.

TIPP

So halten Holzzäune lange

- Wählen Sie einen Zaun aus widerstandsfähigen, gut abgelagerten Hölzern wie Eiche, Lärche oder Kiefer.
- Zur Verlängerung der Lebensdauer sollten alle Holzteile kesseldruckimprägniert sein. Hierbei werden Bor- und Kupfersalze unter Druck ins Holz gepresst. Ein RAL-Zeichen garantiert gute Qualität.
- Setzen Sie Stützpfosten nicht direkt in die Erde, weil sie dann trotz Imprägnierung vermodern. Im Fachhandel gibt es unterschiedliche Modelle für die Verankerung der Zaunpfosten, z.B. stabile Pfostenschuhe aus Metall, die in einem Betonfundament sitzen.
- Auch die Zaunbretter oder -latten sollten den Boden nicht berühren. Halten Sie ausreichend Abstand, oder verlegen Sie darunter ein Fundament aus Kies oder fertig gegossenen Betonteilen.

Pflegeleichte Topf- und Kübelgärten

Kübelpflanzen stehen in dem Ruf, sehr pflegeintensiv zu sein. Der clevere Weekend-Gärtner weiß sich aber auch hier zu helfen und kombiniert die richtigen Gefäße mit den passenden Pflanzen.

Bepflanzte Gefäße sind ideal bei wenig Platz, wie auf dem Balkon oder der Terrasse. Passend zur Umgebung ausgewählt, bilden sie wahre Schmuckstücke, die bei Bedarf auch mobil sind. Gefäße haben aber einen Nachteil: Sie müssen viel häufiger als Beete gegossen werden, besonders die kleinen und unglasierten Tontöpfe. Größere Kübel und Kästen wiederum sind schwer – im Handel gibt es aber praktische Transporthilfen wie Rollwagen oder Gurte. Wenn die Gefäße im Winter draußen bleiben sollen, achten Sie darauf, dass sie frostfest sind.

PFLEGELEICHTE GEFÄSSE

Es gibt sie in einer Fülle von Materialien, Formen und Farben, die Sie ganz nach Geschmack kombinieren können:

➤ **Holzgefäße** haben den natürlichsten Charme, werden jedoch im Lauf der Jahre unansehnlich.

➤ **Tongefäße** (Terrakotten) wirken edel, setzen aber oft Beläge an. Wem das nicht gefällt, der muss sie abschrubben!

➤ **Steingut und Keramik** haben eine glasierte Oberfläche, die kaum altert und leicht zu reinigen ist.

➤ **Kunststoffgefäße** sind leicht, robust und günstig. Sahen sie einst vor allem auch billig aus, so gibt es heutzutage durchaus geschmackvolle Modelle, die so gut wie nicht altern. Aus Kunststoff sind die meisten Balkonkästen. Es gibt auch Modelle mit eingebautem Wasserdepot.

➤ **Betonkästen** sind ebenfalls robust, aber schwerer. Sie sollten daher besser einen dauerhaften Standort erhalten.

WELCHE PFLANZEN EIGNEN SICH?

Knackpunkte sind das Gießen und die Überwinterung: Der Weekend-Gärtner hat die Wahl, in Gefäßen entweder unauffälligere, aber trockenheitsverträgliche Arten, wie Dickblattgewächse und solche mit grausilbernen Blättern, zu ziehen. Oder er wählt prächtiger blühende und lässt sich das häufigere Gießen eventuell von automatisch arbeitenden Geräten (→ Seite 58) abnehmen. Zum zweiten Punkt: Kultivieren Sie in Gefäßen entweder Arten, die mit ein bisschen Schutz (→ Seite 79) im Freien überwintern können. Oder ziehen Sie einjährige Sommerblumen nur bis zum Herbst, um sie dann zu entsorgen, damit Sie nicht empfindliche Pflanzen mühsam in frostfreien Räumen durch den Winter päppeln müssen.

➤ **Arten, die draußen überwintern:** In Gefäßen gedeihen trockenheitsverträgliche Steingartenstauden wie die Hauswurz (*Sempervivum*-Arten) gut. Wasserbedürftiger sind z. B. Taglilien (*Hemerocallis*-Hybriden), Topfrosen oder immergrüne Zwerggehölze wie der Buchs. Letztere brauchen allerdings auch im Winter etwas Wasser.

➤ **Arten für die einjährige Kultur:** Wenig durstig sind z. B. das Mittagsgold (*Gazania*-Hybriden) oder mediterrane Kräuter wie Rosmarin und Thymian, die Sie dann im Herbst ernten und trocknen können. Natürlich können Sie auch die wasserbedürftigeren Sommerblumen wie die Ringelblume, klassische Balkon- und Kübelpflanzen wie Pelargonien, Balkongemüse wie Tomaten und sogar Hänge-Erdbeeren ziehen.

Auf der warmen und geschützten Terrasse gedeihen schmackhafte Kräuter und attraktive Kübelpflanzen gut.

Wasser

Boden

Pflanzen

Dünger

Sonne

Samen

Werkzeug

Sitzplatz

Die Top 8 des

Wasser

Pflanzen bestehen selbst zu 75–95 % aus Wasser, und alle ihre Lebensvorgänge sind davon abhängig. Völliger Wasserentzug ist für sie tödlich, und sie verdursten genauso wie wir Menschen. Deshalb müssen Pflanzen regelmäßig gegossen werden. Das kann dem Weekend-Gärtner die größten Schwierigkeiten überhaupt bei der Gartenpflege bereiten: Brauchen doch besonders Pflanzen in Gefäßen an heißen Tagen mindestens einmal täglich Wasser. Automatische Bewässerungssysteme können hier aber helfen.

Boden

Er bildet im wahrsten Sinne die Grundlage des pflanzlichen Lebens. In ihm verankern sich die Wurzeln, die er mit Wasser und Nährstoffen versorgt. Er ist selbst ein lebendiger Organismus: Im Boden hausen unzählige Kleinlebewesen, die aus abgestorbenem organischem Material Nährstoffe freisetzen. Außerdem enthält er mineralische Bestandteile wie Sand und Ton (→ Seite 36). Das Zaubermittel für eine guten Boden heißt Kompost: Er sorgt dafür, dass die Pflanzen bestens gedeihen. Sie können ihn auch zukaufen.

Pflanzen

Pflanzen sind der wichtigste Bestandteil eines Gartens – sie machen aus einer Wüste eine blühende Oase. Pflanzen können Sie zukaufen, von Bekannten erbitten oder aus Samen (→ rechts) heranziehen. Beim Kauf sollten Sie auf Qualität achten, damit Ihnen spätere Enttäuschungen, Misserfolge und vergebliche Mühen erspart bleiben: Ist das ins Auge gefasste Gewächs kräftig und gesund, also frei von Blattläusen, Schimmel oder Welke? Dann können Sie es getrost nach Hause tragen und an einem passenden Platz einsetzen.

Dünger

Pflanzen brauchen zum Gedeihen »Kraftfutter«, das alle lebenswichtigen Substanzen enthält. Zu den sogenannten Hauptnährstoffen, die in größeren Mengen notwendig sind, zählen Stickstoff (N), Phosphor (P), Kalium (K), Magnesium (Mg) und Calcium (Ca). Daneben sind kleine Mengen an Spurenelementen wichtig, wie z. B. Schwefel (S), Eisen (Fe), Mangan (Mn) und Zink (Zn). Volldünger enthalten alle diese Stoffe. Sie werden zur Wachstumszeit etwa wöchentlich verabreicht. Es gibt aber auch praktische Dauerdünger, die, einmal in die Erde gemischt, den ganzen Sommer vorhalten.

Sonne

Pflanzen lechzen nach Sonne, denn sie ist ihre entscheidende Energiequelle – damit haben sie uns ganz schön was voraus! Mit der Sonnenenergie und mit Hilfe ihres Blattgrüns können sie aus Kohlendioxid, Wasser und den Boden-Nährstoffen energiereiche Kohlenhydrate aufbauen. Dabei wird Sauerstoff an die Luft abgeben, auf den wiederum wir Menschen angewiesen sind. Es gibt Arten, deren »Kraftwerk« funktioniert nur in voller Sonne, andere schaffen es schon im Halbschatten oder Schatten. Am passenden Platz werden sie gut gedeihen.

Samen

Aus den winzigen Samenkörnern können rasch Pflanzen heranwachsen. Im Fachhandel gibt es vielerlei Saatgut, das im Vergleich zu Pflanzen sehr preisgünstig ist. Achten Sie darauf, dass das Verfallsdatum auf der Packung noch nicht abgelaufen ist, damit die Saat wirklich aufgeht und Sie sich nicht umsonst abmühen. Es gibt auch praktische Saatbänder oder –vliese. Darauf sind die Samen bereits im richtigen Abstand befestigt, damit Sie später nicht mühsam zu dicht keimende Jungpflanzen vereinzeln müssen.

Weekend-Gärtners

Werkzeug

Gutes Werkzeug erleichtert die nötigen Handgriffe bei der Pflege des Gartens ganz beträchtlich. Das beginnt schon beim klassischen Arbeitshandschuh, der die Hände vor Schmutz und Verletzungen schützt. Zur Grundausstattung des Weekend-Gärtners gehören auch Handgeräte wie Grubber oder Pflanzkelle. Bei größeren Gärten sind vorwiegend deren große Geschwister gefragt, Gartengeräte wie Spaten, Grabegabel, Hacke und Harke. Achten Sie beim Kauf auf Qualität, damit Ihnen die Gartenarbeit leicht von der Hand geht.

Sitzplatz

Wer seinen Garten pflegeleicht gestaltet, kann sich viel darin ausruhen und entspannen. Das geht wunderbar auf der Terrasse. Aber vielleicht haben Sie sogar Platz für mehrere Sitzplätze, auf denen Sie je nach Tages- und Jahreszeit den Garten genießen können? Sie müssen nicht unbedingt befestigt sein. Tragen Sie einfach Liegestuhl, Deckchair oder Bank, vielleicht noch den Sonnenschirm, an einen Ort, der gerade besonders viel Reizvolles bietet. So kommen Sie im Jahreslauf durch den ganzen Garten und lernen ihn immer besser kennen.

START IN DEN FRÜHLING

Jetzt ist die Zeit, um die **Weichen** des Weekend-Gartens grundlegend zu **stellen**. Am besten beginnen Sie mit einem **Frühjahrsputz**. Die Gartencenter laden zum ausführlichen **Shopping** ein. Und natürlich werden im Frühling auch Beete angelegt, und alles, was pflegeleicht ist, wird **gesät** und **gepflanzt**.

Februar:
Lazy Weekend

Mit einem unberechenbaren Wechsel aus klirrenden Frösten, warmen Sonnentagen, Schneeregen und Matsch geht der Winter in den Endspurt. Doch die ersten Schneeglöckchen kündigen schon den bevorstehenden Frühling an. Da wird es höchste Zeit für das Planning Ihres Weekend-Gartens!

Erste Sonnenstrahlen im Garten tanken, Gartenträume entwickeln und den Weekend-Garten planen.

Ein erster Sonnentag – nichts wie raus in den Garten! Bauen Sie sich einen improvisierten Sitzplatz aus einem Liegestuhl, Kissen und Decken. Gewappnet mit einem warmen Getränk, lässt sich auch bei wenigen Graden über Null genüsslich Sonne tanken. Dabei können Sie eine gedankliche Reise durch Ihren Garten der Zukunft antreten: Schmökern Sie in Zeitschriften und Katalogen und lassen Sie sich davon inspirieren. So entsteht langsam Ihr Wunschbild vom Garten!

BESTANDSAUFNAHME

Werfen Sie einen kritischen Blick in den Garten. Was hat im letzten Jahr nicht funktioniert? Was könnte noch besser werden? Welche Wünsche sind bisher nicht erfüllt? Wollen Sie z. B. mehr Blüten oder etwas zum Naschen im Garten haben? Verschaffen Sie sich einen Überblick über den Zustand, um Ihr grünes Wohnzimmer dann zielstrebig auf Weekend-Kurs zu bringen. Günstig für eine Bestandsaufnahme können auch Fotos sein. Mit Hilfe dieser Bilder können Sie auch bei einem neuerlichen Wintereinbruch mit der Planung fortfahren.

➤ **Pflanzen:** Im Februar läßt sich besonders gut der Zustand Ihrer **Gehölze** beurteilen: Sind die Büsche zu dicht, haben sie alte und beschädigte Zweige? Beginnen Sie dann, einen Jahresarbeitsplan anzulegen, und tragen Sie für Ihr Date im März alle notwendigen Schnittmaßnahmen (→ Seite 34) ein. Oder wollen Sie zur Straße oder zu den Nachbarn durch mehr

Gehölze einen besseren Sichtschutz schaffen? Pflanzzeit ist im Frühjahr! Überlegen Sie auch, ob Sie mit Ihren noch im Winterschlaf liegenden **Stauden** im letzten Jahr zufrieden waren. Waren kränkelnde »Diven« darunter, so sollten Sie diese nach Möglichkeit schon in diesem Jahr durch robustere Arten (→ Top 8 und Tabellen) ersetzen. Die beste Pflanzzeit ist im April (→ Seite 40) und für Spätentschlossene noch einmal im Herbst. Oder Sie haben bis jetzt nur Rasen und einige Gehölze im Garten, und Sie wollen in diesem Jahr endlich ein pflegeleichtes Staudenbeet anlegen, damit mehr blüht? Das könnten Sie bereits im März erledigen (→ Seite 36). Rührt sich im Februar noch kaum etwas in Ihrem Garten? Dann sollten Sie vielleicht in die Herbstplanung den Punkt »**Blumenzwiebeln** legen« (→ Seite 76) aufnehmen. Oder wollen Sie mit einjährigen **Sommerblumen** farbliche Akzente setzen? Diese Pflanzen können Sie ab April selbst aussäen (→ Seite 42). Zeigt Ihr Rasen kahle Stellen, oder haben Sie sich letztes Jahr über das viele Moos im Gras geärgert? Dann wird es wirklich Zeit für ein Rasen-Wellness-Date im Mai (→ Seite 54).

➤ **Unbelebte Ausstattung:** Begutachten Sie auch den Zustand der Zäune, Tore, Wege, Gartenleuchten und Sitzplätze. Muss etwas gestrichen, überholt oder repariert werden? Vielleicht wäre es sogar ratsam, das eine oder andere **Gartenelement** durch eine pflegeleichtere Neuanschaffung zu ersetzen? Überprüfen Sie last not least die **Werkzeuge**. Was gehört gereinigt, repariert – oder muss fehlendes Gerät noch gekauft werden? Hat übrigens Ihr **Rasenmäher** letztes Jahr das Gras mehr abgerissen als geschnitten? Zu erkennen ist das an den fransigen Enden des gemähten Grases. Dann sollten Sie die Klingen schärfen lassen. Notieren Sie sich, was Sie im Februar noch alles besorgen müssen.

Draußen noch in Knospen, drinnen schon Frühlingsbote.

DEKO-TIPP

Im Trend: Gelbe Blütenwunder-Bündel für die Vase

Zweige von Forsythien (*Forsythia* x *intermedia*) mit Blütenknospen gibt es ab Februar bereits im Blumenladen. Vielleicht haben Sie aber auch einen Strauch im Garten? Sobald die Knospen gelbe Farbe zeigen, können Sie Zweige für die Vase schneiden.

➤ Sie brauchen zwei Bündel von sieben bis zehn Stück etwa 50 cm langer Forsythien-Zweige und Bindebast.

➤ Binden Sie jedes Bündel an den Stielen mit dem Bindebast locker zusammen.

➤ Stellen Sie die Bündel in eine großzügige Glasvase und füllen Sie Wasser auf. Hübsch ist es auch, zwei Vasen zu arrangieren.

Rasenmäher

Rosenschere

Grundausstattung mit Gartengeräten

Werkzeuge sind auch für den Weekend-Gärtner wichtig. Mit guten Geräten bekommen Sie den Garten schnell und leicht in den Griff. Unentbehrlich sind sie bei der Bearbeitung des Bodens, bei der Pflanzung und beim Gießen und Schneiden. Last not least natürlich auch für die Rasenpflege!

Qualität zahlt sich aus – das gilt auch für Gartengeräte, die nur ein Wochenende pro Monat im Einsatz sind. Sie müssen schließlich einiges aushalten, z. B. den Widerstand des harten Bodens und das Gewicht des Gärtners, der damit arbeitet. Nur erprobtes Material in solider Verarbeitung übersteht diese Belastungen länger als einen Sommer. Trotzdem müssen Sie nicht gleich die teuersten Profigeräte kaufen. Der Weekend-Gärtner ist mit guter Markenqualität der mittleren Preisklasse auf der sicheren Seite. Wir haben Ihnen eine Grundausstattung zusammengestellt, mit der Sie alle Arbeiten mit Leichtigkeit erledigen können.

PRAKTISCHE RASENMÄHER

Rasenmähen kann Spaß machen – aber nur, wenn das Gerät zur Größe des Gartens passt. Bis 150 qm reicht ein Handspindelmäher mit Menschenantrieb. Darüber lohnt sich dann ein Elektromäher (gibt es mit Kabel- oder Akkustromversorgung) oder ein Benzinmäher. Für Rasenflächen ab Sportplatzgröße sind Aufsitzmäher eine bequeme Lösung. Technik-Freaks können sich auch einen nicht ganz billigen Akku-betriebenen Mähroboter anschaffen. Der mäht mit Hilfe von Sensoren selbstständig den Rasen und fährt dann wieder zu seiner Ladestation. Eine Entwicklung, die eigentlich wie geschaffen ist für den Weekend-Gärtner! Vermutlich werden Sie sich aber für einen klassischen Mäher entscheiden. Halten Sie sich an die Sicherheits- und Pflegehinweise des Herstellers und tragen Sie beim Mähen zum Schutz immer festes Schuhwerk.

ROBUSTE GARTENSCHEREN

Ein glatter Schnitt schont nicht nur die Handgelenke des Gärtners: Auch die Pflanze kann ihre Wunde viel schneller wieder

Handgeräte

Grabegabel

verschließen. Die Schere sollte unbedingt gut in der Hand liegen. Es gibt deshalb Modelle mit verschieden großen Griffen und sogar Ausführungen für Linkshänder. Probieren Sie vor dem Kauf aus, ob die Schere in Ihre Hand passt! Die beiden Klingen sollten aus Chromstahl bestehen und nachzukaufen sein. Denken Sie auch daran, ein Wetzgerät für Baumscheren oder einen Wetzstein zu kaufen, denn die Klingen müssen immer wieder nachgeschliffen werden. Wenn Sie mit der neuen Schere nur Holz und nicht etwa Kunststoff schneiden, sie regelmäßig reinigen, schärfen und die Scharniere ölen, werden Sie sehr lange Freude daran haben. Verriegeln Sie die Schere nach Gebrauch auch immer mit dem Sicherheitsverschluss und lassen Sie sie nicht in die Hände von Kindern gelangen.

NÜTZLICHE HANDGERÄTE

Von den großen Gartengeräten gibt es jeweils handliche Ausführungen, die ideal sind fürs Arbeiten in kleineren Beeten und Pflanzgefäßen. Zu den wichtigsten zählen Handschaufel, Handgabel, Unkrautstecher, Handgrubber zum Lockern und Jäten und ein Pflanzlochstecher zum Einsetzen von Zwiebeln. Nicht zu vergessen: robuste Gartenhandschuhe aus Leder und Stoff, die vor Schmutz und Verletzungen schützen. Die Geräte sind preiswert, nehmen kaum Platz weg und helfen immer mal wieder beim Date mit Ihrem Garten. Reinigen Sie sie nach jedem Gebrauch am besten mit Wasser und ölen Sie sie vor der Winterruhe etwas ein, damit sie nicht rosten.

GRABE- UND SPATENGABEL

Die Grabegabel ist leichter als ein Spaten und hat vier spitze Zinken. Damit können Sie Pflanzen wurzelschonend versetzen, Böden lockern, ohne sie zu wenden, und groben Kompost gut verteilen. Die Spatengabel ist eine Mischung aus beiden Geräten: Sie besteht im oberen Drittel aus einem Spatenblatt, das in vier Zinken ausläuft. Beim Umgraben dringt sie tiefer in den Boden ein als der Spaten.

WEITERE PRAKTISCHE GERÄTE

Der bekannte Spaten ist ein Allzweckgerät zum Umgraben, Bodenmischen und Beeteabstechen. Nützlich bei der Unkrautbekämpfung ist auch eine Hacke, bestehend aus einem abgewinkelten Eisenblatt, dessen untere Seite angeschliffen ist. Damit lockert man die obere Bodenschicht und zerschneidet mühelos die Wurzeln der Unkräuter – sofern sie regelmäßig nachgeschliffen wird. Zum Bodenlockern dienen auch Geräte mit angewinkelten Zinken wie Kralle, Kultivator oder Grubber. Mit einem einzinkigen kupfernen Sauzahn können Gartenböden belüftet werden. Ein eiserner Rechen ist nützlich beim Einebnen von Beeten. Gerade im Herbst ist auch ein Laubbesen gefragt, z. B. ein leichter Fächerbesen aus Metall. Ein bisschen Kleinkram braucht man auch: Etiketten und lichtechten Stift, Holzpflöcke und Schnur zum Markieren von Rillen und Kanten, Bindedraht – und für das alles einen Tragekorb.

März:
Clean-up-Weekend

Endlich. Der Schnee geht, die Sonne kommt! Nach der Winterruhe erwacht wieder neues Leben. Jetzt sollten Sie zum Frühjahrsputz schreiten. Ein Powerschub, der sich auszahlt.

An einem windgeschützten Platz lässt es sich an sonnigen Tagen schon sehr angenehm im Gartenstuhl relaxen. Also raus mit den Gartenmöbeln aus dem Winterlager! Wählen Sie als Weekend-Gärtner für diese Arbeiten einen möglichst sonnigen Tag. Die gereinigten Teile trocknen dann schneller, und Sie können sie noch am gleichen Tag benützen.

WASCHEN, BÜRSTEN, FEGEN

Überzieht eine rutschige Schicht von Grünalgen den Bodenbelag der Terrasse, schrubben Sie ihn ab. Bei gepflasterten Terrassen genügt es meist, sie mit einem kräftigen Besen zu fegen. Stellen Sie die Gartenmöbel raus und überprüfen Sie, ob sie noch stabil sind. Hin und wieder müssen Schrauben nachgezogen werden. Vielleicht brauchen Tisch und Stühle auch einen neuen Anstrich oder können etwas Holzöl vertragen? Das ist für ein Wochenende zwar etwas mehr Arbeit, hält dann aber für Jahre vor. Immer aber wird bei den ausgelagerten Möbeln eine Generalreinigung nötig sein. Wischen Sie die Oberfläche mit mildem Seifenwasser und einem weichen Lappen ab. Das Gartengelände selbst verträgt sicher auch eine Frühjahrskur, denn unter der Schneedecke sammelt sich oft reichlich Müll: Vom Weihnachtslametta über Papphülsen der Silvesterböller bis zu abgebrochenen Ästen ist alles dabei. Und das muss raus aus dem Garten!

WINTERSCHUTZ ENTFERNEN

Sobald der Frost nicht mehr jede Nacht den Boden durchfriert, entfernen Sie den Winterschutz von Gartenpflanzen und Gefäßen. Wichtig dabei: Passen Sie auf, dass Sie die oft schon vorhandenen, jungen und zarten Triebe nicht beschädigen. Lassen Sie das Schutzmaterial aber noch für einige Zeit griffbereit liegen, damit Sie es bei Spätfrösten schnell wieder zur Hand haben. Gleich nach dem Abdecken können Sie einen kritischen Blick auf die Pflanzen werfen: Zeigen sich kranke oder abgestorbene Pflanzenteile – diese sehen vertrocknet aus –, schneiden Sie sie ab. Diese Teile sollten Sie nicht selbst kompostieren, werfen Sie sie in die Biotonne. (Bei den hohen Temperaturen der großen Kompostieranlagen werden sie unschädlich gemacht.)

UMGRABEN UND PFLANZEN

In der Erde leben Tausende kleinster Tiere und Pflanzen, deren guter Appetit ausschlaggebend ist für die Humusbildung und Nährstoffanreicherung des Gartenbodens. Damit sie sich so richtig wohl fühlen, brauchen sie ausreichend Sauerstoff. Die Oberflächen von brachliegenden Beeten werden sich jedoch den Winter über stark verdichtet haben. Graben Sie sie um (→ Seite 36), das lockert die Schicht, lässt frischen Sauerstoff in den Boden und weckt die Lebensgeister der Bodenbewohner. Willkommener Nebeneffekt: Unkraut wird durch das Umgraben am Aufwachsen gehindert.

Alle frostharten Kräuter, Stauden und Gehölze können Sie im März oder April in den Garten oder in Gefäße pflanzen (→ Seite 52). Auch Ihre Kübelpflanzen sind zum Umtopfen dran. Haben Sie den Pflanztermin für Gehölze im Herbst versäumt, schreiten Sie jetzt zur Tat (→ Seite 82).

Auf der Terrasse und im Garten rührt sich was, sobald es die ersten Frühjahrsblüher gibt.

März:
Gehölzschnitt im Frühjahr

Um sie jung und blühfreudig zu erhalten, werden Bäume und Sträucher vorwiegend während der Ruhezeit im Winter und im zeitigen Frühjahr geschnitten. Dann verlieren sie durch die Wunden nicht zu viel Saft. Lediglich bei Arten, die im Frühjahr blühen, (→ rechts) wartet man bis nach der Blüte. Den Pflanzen und sich selbst zuliebe sollten Sie aber nicht bei Frost schneiden.

GEEIGNETE WERKZEUGE

Zweige bis etwa 2 cm Durchmesser können Sie mit einer guten Gartenschere (→ Seite 30) durchtrennen. Für Äste bis 4 cm Durchmesser gibt es Astscheren mit zwei langen Stielen. Noch stärkeren Zweigen sollten Sie mit einer Bügelastsäge zu Leibe rücken. Für den Weekend-Gärtner reichen meist eine Gartenschere und eine Bügelsäge aus. Wichtig: Reinigen Sie nach jedem Gebrauch das Werkzeug und benutzen Sie nur scharfe Klingen.

RÜCKSCHNITT UND AUSLICHTUNG

Manchmal wachsen dem Gärtner die Gehölze über das Ziel hinaus: Sie hängen in den Weg oder verdecken ein Fenster. Dann hilft nur ein beherzter Rückschnitt! Kürzen Sie die zu langen Triebe mit schrägem Schnitt knapp über einem nach außen gerichteten Auge. So kann die Wunde gut verheilen und die Knospe vertrocknet nicht.

Etwa alle zwei bis drei Jahre ist es an der Zeit, an Bäumen und Sträuchern alte und zu dicht stehende Äste zu entfernen, also einen Auslichtungsschnitt vorzunehmen. Je älter ein Zweig ist, desto dicker und dunkler sieht er aus. Behindern sich innerhalb des Gehölzes zwei Zweige, entfernen Sie einen davon. Alles, was heraus gehört, wird direkt über dem Boden abgeschnitten. Die hellen, jüngeren Triebe lassen Sie stehen. Wenn ein Strauch buschiger werden soll, können Sie einige davon aber auch auf halbe Länge kürzen, dann verzweigen sie sich besser.

FACHGERECHTER ROSENSCHNITT

Er wird ebenfalls im Frühjahr durchgeführt. Eine Ausnahme sind einmalblühende Sorten: Sie blühen am alten Holz, deshalb werden nur abgestorbene Triebe entfernt. Auch Bodendeckerrosen lässt man in der Regel ungeschnitten wachsen, verjüngt sie nur alle paar Jahre durch Rückschnitt auf 20 cm.

➤ **Beetrosen und Hochstämmchen:** Sie sind öfterblühend und werden stark zurückgeschnitten, damit sie kräftig austreiben und große Blüten bilden. Begrenzen Sie die Anzahl der Triebe auf die vier bis sechs kräftigsten. Alle anderen und natürlich auch abgestorbene Zweige werden entfernt. Jeder verbleibende Trieb wird dann noch auf fünf Augen gekürzt. Damit endet der Frühjahrsschnitt, im Sommer wird nur noch Verblühtes entfernt.

➤ **Kletterrosen:** Entfernen Sie im Frühjahr altes und abgestorbenes Holz und belassen Sie die jungen Langtriebe, die Sie evtl. am Gerüst festbinden – je flacher, umso besser: Waagerecht blühen sie am üppigsten. Einmalblühende Sorten werden dann erst wieder nach der Blüte geschnitten. Bei öfterblühenden Sorten kürzen Sie noch die Seitenzweige auf zwei bis vier Augen, damit sie kräftige Blütentriebe bilden. Natürlich können Sie auch zu lange und überhängende Zweige abschneiden. Die neuen Triebe binden Sie wieder fest. Wächst die Pflanze zu wenig in die Breite, schneiden Sie zwei bis drei Äste ca. 30 cm über dem Boden ab, um das Wachstum neuer Triebe von unten her anzuregen.

SCHNITTGUT ENTSORGEN

Sie können alles in die kommunale Sammelstelle für Gartenabfälle bringen, wo es in großen Anlagen zu Kompost umgewandelt wird, der dort wiederum günstig zu haben ist. Wenn Sie – oder Ihr Nachbar – einen Häcksler besitzen, können Sie gesunde Zweige auch zerkleinern und das Häcksel zum Mulchen zwischen den Sträuchern verwenden.

Frühjahrsblüher schneiden
Im Frühjahr blühende Arten wie Mandel oder Forsythie werden erst nach der Blüte geschnitten. Sonst würden unvermeidlich die meisten Blütenansätze entfernt, sodass die Zweige nur schwach blühen. Gleich nach der Blüte beginnen die Gehölze, wieder Blütenknospen für das nächste Jahr anzulegen. Schneiden Sie also aus oder zurück, sobald die Blüten verwelkt sind. Dann werden fürs nächste Jahr besonders kräftige Blütenansätze gebildet.

🕓 **Zeitbedarf:** 15 Min. pro mittelgroßem Strauch

Ziergehölze auslichten
Schauen Sie zuerst das Gehölz in Ruhe an. Schneiden Sie dann ältere, ins Zentrum wachsende Triebe an der Basis oder an einer jüngeren Verzweigung ab. Bei sich überkreuzenden Ästen wird meist der schwächere an der Ansatzstelle entfernt.

🕓 **Zeitbedarf:** 15 Min. pro mittelgroßem Strauch

Rosen schneiden
Beetrosen werden auf etwa fünf Augen (das sind die kleinen Wölbungen an den Zweigen, aus denen die neuen Blätter und Triebe sprießen werden) zurückgeschnitten. Die verbleibenden Triebe sollten etwa die gleiche Höhe haben. Bei Kletterrosen wird altes, abgestorbenes Holz entfernt, bei öfterblühenden Sorten kürzen Sie auch noch die Seitentriebe auf einige wenige Augen ein.

🕓 **Zeitbedarf:** 10 Min. pro Beetrose, 20–30 Min. pro Kletterrose

März:
Beete gekonnt anlegen

Unkraut muss gründlich entfernt werden. Vor allem die Wurzeln sollen restlos heraus aus dem Boden.

Welche Beetform hätten Sie denn gerne? Klassisch rechteckig, kreisrund oder frei schwingend? Legen Sie Beete in jedem Fall maximal 1,5 m breit an, damit Sie auch die Mitte noch bequem bepflanzen können. Rechtecke sind einfach abzustecken: Sie brauchen dafür vier Holzpflöcke und ausreichend Schnur. Die Pflöcke werden in die Ecken des zukünftigen Beetes geschlagen. Um einen rechten Winkel zu erhalten, können Sie eine große Obstkiste o. ä. in eine Ecke stellen und entsprechend Maß nehmen. Die Außenkanten der Beete werden durch Schnüre markiert (→ rechts). Kreisförmige Beete sollten Sie sehr exakt markieren (→ rechts), denn sie sehen nur gut aus, wenn sie nicht »eiern«. Frei schwingende Formen kennzeichnen Sie am besten mit Sand oder Sägemehl. Immer aber sollten Sie vom Sitzplatz oder Haus aus noch einmal überprüfen, ob die Form des Beetes und seine Lage gut wirken.

AUWEIA: BEET UMGRABEN

Jetzt hilft alles nichts – die Erde für das Beet muss umgestochen werden. Aber wenigstens fällt diese Arbeit nur dieses eine Mal an. Beginnen Sie bei den Kanten: Mit einem Spaten können Sie sie entlang der Markierung sauber abstechen. Wird das Beet im Rasen angelegt, fahren Sie mit dem Spaten flach unter die Grasnarbe und heben die Grassoden hoch. Alles verbleibende Unkraut muss gejätet werden. Dann werden die Erdschollen auf der Beetfläche mit dem Spaten zerkleinert und der Untergrund mindestens spatentief gelockert.

DIE BODENQUALITÄT PRÜFEN

Jetzt sollten Sie einmal ein Auge auf Ihren Boden werfen. Aus der Erde ziehen die Pflanzen ihre Nahrung: Ihre Qualität ist auch im Weekend-Garten wichtig. Nehmen Sie eine Handvoll Erde und pressen Sie sie in den Handballen. Lässt sie sich nicht formen und rieselt sie durch die Finger, dann ist sie sehr **sandig** und speichert Wasser und Nährstoffe schlecht. Sie sollte deswegen mit Tonmehl und Kompost verbessert werden. Haben Sie einen fettig-glänzenden, festen Erdklumpen in der Hand, ist sie sehr **lehmig**. Solche Böden sind schlecht durchlüftet und neigen zu Staunässe. Da geht selbst dem agilsten Regenwurm schon einmal die Puste aus. Eine kräftige Gabe an Sand und Kompost löst das Problem. Zum Glück sind die meisten Gartenböden aber weder zu sandig noch zu lehmig, sie liegen irgendwo dazwischen und geben eine brauchbare Gartenerde ab. Immer aber sollten Sie frischen Kompost einarbeiten, er ist das wahre Kraftfutter für alle Pflanzen. Zum Schluss wird die Beetoberfläche noch mit einem Kultivator oder Grubber geglättet. Vor dem Bepflanzen (→ Seite 40) sollten Sie die Pflanzstellen markieren. Berücksichtigen Sie dabei die Pflanzabstände.

AM RANDE DIE KATASTROPHE?

Überlegen Sie sich nun, wie der Übergang vom Beet zur Rasenfläche gestaltet werden soll. Offene Übergänge sehen zwar natürlich aus, aber das Gras wuchert leicht ins Beet hinein. Dann müssen die Gräser gejätet und vielleicht sogar die Kanten wieder abgestochen werden. Nichts für den Weekend-Gärtner! Eine sehr dauerhafte, aber in der Anschaffung etwas teurere Lösung sind in Mörtel verlegte (eventuell Fachmann beauftragen), bequem mit dem Mäher befahrbare Rasenkantensteine. Da kann auch der letzte Grashalm gemäht werden, und zwischen den Steinen mogeln sich keine Ausläufer mehr durch. Nicht ganz so teuer ist es, wenn Sie den Beetrand mit Rindenmulch abdecken. Oder Sie vermeiden den direkten Kontakt von Beet und Rasen, indem Sie einen befestigten Weg als »Puffer« dazwischenlegen.

Mit Schnur und Holzpflock Kreise markieren.

TIPP

Ecken Sie nicht an: Beet-Kreise richtig markieren

- Sie brauchen nur einen einfachen Schnurzirkel: Das sind zwei Pflöcke mit einer Verbindungsschnur, die etwas länger ist als der Radius des Kreisbeetes.
- Schlagen Sie einen Pflock in das Zentrum des zukünftigen Beetes ein und binden Sie die Schnur an diesem und dem zweiten Pflock fest. Mit der Spitze des beweglichen Pflockes können Sie nun den Rand des Kreises einritzen. Noch besser sichtbar wird der Kreis, wenn Sie in die Ritzen Sand oder Sägespäne streuen.
- Sie können auch ein mondförmiges Beet markieren, indem Sie den zentralen Pflock ein Stück seitlich versetzen und mit dem beweglichen Pflock aus dem Kreis eine Mondsichel abteilen.

April: Shopping-Weekend

Shopping kann Spaß machen – oder frustrieren. Denn wer den Kauf ohne Plan angeht, verliert nicht nur leicht den Überblick, es landen ihm auch schnell »tolle Schnäppchen« im Korb. Erst im Garten merken Sie dann: Viel zu groß, falscher Standort, passt irgendwie nicht in das Gesamtbild! Ergebnis: Budget und Frustgrenze überschritten. Shoppen Sie lieber lustvoll und clever nach Plan!

DEKO-TIPP

Kübel mit Rankgerüst

- Besorgen Sie sich einen hübschen Kübel, dazu für das Rankgerüst je nach Größe des Gefäßes drei bis fünf Bambusstäbe und Bast in Ihren Lieblingsfarben. Dazu brauchen Sie einen kleinen Sack Pflanzerde und Kletterpflanzen, z. B. Samen von einjährigen Arten wie Kapuzinerkresse (*Tropaeolum majus*) oder Prunkwinde (*Ipomoea tricolor*) oder einige Pflanzen des ausdauernden Efeus (*Hedera helix*). Zuhause legen Sie dann gleich los:
- Füllen Sie Erde in den Topf bis 2 cm unter den Rand.
- Stecken Sie die Bambusstäbe in die Erde und umwickeln Sie sie mit verschiedenfarbigem Bast.
- Binden Sie die Stäbe oben mit Bast zusammen, hübsch ist auch eine Kugel als Abschluss.
- Anschließend säen oder pflanzen Sie in den Topf.

Bevor Sie eine Einkaufsliste schreiben, sollten Sie sich einen Überblick über Ihren Garten verschafft und seine weekendtaugliche Umgestaltung in Angriff genommen haben (→ Seite 8–13). Schauen Sie sich die zu bepflanzenden Stellen genau an, ob sie viel Sonne bekommen oder eher im Schatten liegen. Die Lichtmenge am Standort ist der wichtigste Punkt für die richtige Wahl der Pflanzen, damit sie gut gedeihen. Dazu können Sie auch kreativ mit Farben und Formen spielen (→ Seite 40). Wenn Sie noch Möbel oder Geräte brauchen – überlegen Sie, was für Sie am pflegeleichtesten ist.

DEN EINKAUF PLANEN

Dann schreiben Sie einen Einkaufszettel, am besten getrennt nach Pflanzen – für Sonne, Halbschatten und Schatten –, Möbeln, Accessoires und Geräten. So gewappnet, können Sie sich auch den einen oder anderen Spontankauf leisten, ohne dass er sich dann später als absoluter Fehlgriff herausstellt.

Sie haben die Wahl zwischen dem Kauf in Gärtnerei oder Garten-Center und Bestellung per Katalog oder übers Internet. Im privat geführten Familienbetrieb haben Sie vielleicht eine kleinere Auswahl, dafür werden Sie aber sicher gut beraten und mit neuen Ideen versorgt (meist kann dort noch weitere Auswahl bestellt werden). Im Garten-Center finden Sie auch an Möbeln und Geräten eine große Vielfalt, eine Auskunft ist aber

Im Gartencenter können Sie in Ruhe prüfen, ob die Pflanzen Ihren Vorstellungen entsprechen.

oft schwerer einzuholen. Große Ketten können knapper kalkulieren und deshalb oft günstigere Preise bieten. Beim Kauf in der Gärtnerei oder Baumschule Ihrer Region bekommen Sie Pflanzen, die bereits an das örtliche Klima gewöhnt sind. Katalogversender für Pflanzen- und Gartenzubehör bieten ebenfalls ein großes Sortiment an, zum Teil schon im Internet. Auch dort können Sie sich Informationen einholen und die Ware auf Termin und gegen Rechnung bestellen.

QUALITÄT IST WICHTIG

Egal, ob Sie Pflanzen selbst aussuchen oder geliefert bekommen, kontrollieren Sie zuerst ihre Qualität: Sehen sie kräftig und gesund aus? Sind Schädlinge wie Läuse zu sehen, oder zeigt ein grauer Schimmelrasen einen Pilzbefall an? Sind die Wurzeln hell und gesund oder faul und braun? Bei Qualitätsmängeln sollten Sie die Pflanze nicht kaufen bzw. bei gelieferter Ware sofort reklamieren.

Ein Rankgerüst aus Bambusstäben können Sie leicht selber machen.
Zeitbedarf: 20 Min.

April: Ab in die Erde mit den Stauden!

Stauden pflanzen ist nicht schwer, sie perfekt zu kombinieren umso mehr. Zunächst müssen die ins Auge gefassten Arten und Sorten mit den Bedingungen am Standort in Ihrem Garten gut zurechtkommen (→ Seite 12). Wichtig ist auch die Wuchshöhe, um z. B. eine ansprechende Höhenstaffelung innerhalb des Staudenbeetes zu erreichen. Höher wachsende Sorten gehören ins Zentrum oder in den Hintergrund (→ Seite 12–13). Wählen Sie möglichst standfeste Sorten aus, damit Sie später keine Arbeit mit Stützen und Anbinden haben.

SPIEL MIT FARBEN UND FORMEN

Standortansprüche und Wuchshöhe von Stauden sind wichtige Auswahlkriterien, wenn Sie einen pflegeleichten Garten haben wollen. Es gibt aber noch weitere Eigenschaften, die vor allem das Auge ansprechen und mit denen Sie kreativ spielen können: die Farben und Formen von Blüten und Blättern.

➤ **Blütenfarben:** Berücksichtigen Sie bei der Wahl das Umfeld, z. B. die Farben der Mauer, der Terrasse oder gleichzeitig blühender Sträucher in der Nähe. Hier gibt vor allem Ihr persönlicher Geschmack den Ausschlag. **Monochrome** Bepflanzungen mit z. B. nur weißen oder blauen Blüten haben einen eigenwilligen Reiz, hier kommen dann die verschiedenen Formen (s. u.) besonders gut zur Geltung. Eine Variante ist die **Ton-in-Ton**-Bepflanzung. Hierbei werden verschiedene Helligkeitsstufen einer Farbe wie Blau oder Rot gewählt. Das wirkt ruhig und elegant. Weitaus beliebter sind **Farb-Kombinationen**, das können zwei bis vier Farben oder kunterbunte Mischungen nach Art eines Bauerngartens sein. Am stärksten wirken nebeneinander gestellte Komplementärfarben wie Gelb und Violett, Blau und Orange oder Rot und Grün. Zu starke Kontraste können Sie mit weiß blühenden Arten mindern. Weiß bringt außerdem sehr dunkle Blütenfarben erst richtig zum Leuchten. Vielleicht gefallen Ihnen aber Farbverläufe wie Rot-Orange-Gelb sehr gut oder pastellige Dreiklänge wie Rosa-Hellblau-Weiß? Berücksichtigen Sie auch die folgenden **Farbwirkungen:** Kühle, zurückhaltende Farben wie Blau lassen kleine Gärten größer erscheinen, wenn man sie in den Hintergrund und an die Grenzen pflanzt. Warme Töne wie Rot und Gelb springen ins Auge und bewirken eher das Gegenteil.

➤ **Blütezeiten:** Vergessen Sie neben dem Farben-Kombinieren bei den gleichzeitig blühenden Arten nicht, dass möglichst quer durchs Jahr immer etwas blühen soll. Setzen Sie also zusätzlich Frühjahrs- und Sommerblüher dazwischen, sowie solche, die im Herbst noch blühen oder bunte Früchte und Blätter ausbilden (→ Top 8).

➤ **Blattfarben:** Die Laubfarbe Grün bildet den ganzen Sommer über den Grundton im Garten. Aber auch hier gibt es Nuancen, vor allem bei den Stauden: Die Blätter können z.B. blaugrün, silbergrau, rotbraun oder kupferfarben sein und lassen sich attraktiv kombinieren.

➤ **Gestalten mit Formen:** Blätter und Blüten gibt es in den unterschiedlichsten Formen. Gut zu kombinieren sind auffallende Formen mit schlichten, z. B. Blütenkerzen mit Blütenglocken oder großflächige Blätter mit filigranen.

GEWUSST WO: DER PFLANZPLAN

Gerade wenn Sie Beete mit mehreren Arten bepflanzen wollen, hilft Ihnen eine Planskizze, die Sie am besten im Maßstab 1:10 zeichnen. Damit lässt sich auch besser herausfinden, wie viele Gewächse im empfehlenswerten Pflanzabstand (Faustregel: Das 1,5-fache der endgültigen Breite) für die Fläche gebraucht werden. Um die Farbwirkung abzuschätzen, können Sie die Pflanzen mit Buntstift in ihrer Blütenfarbe eintragen. So entsteht auf dem Papier ein Vorgeschmack auf die zukünftige Blütenpracht.

RICHTIG PFLANZEN

Stauden ziehen sich im Winter in ihren Wurzelstock zurück. Zum beginnenden Austrieb im Frühjahr ist eine gute Pflanzzeit. Ideal sind trübe Tage und leicht regnerisches Wetter, schlecht sind Sonne und Trockenheit. Bevor Sie mit dem Pflanzen beginnen, sollten Sie den Boden vorbereiten und wenn nötig verbessern (→ Seite 36/37). Ist die Erde fürs Pflanzen bereit, wässern Sie zuerst die in ihren Plastiktöpfen (Container) bereitstehenden Stauden gründlich. Dann können Sie die Pflanzstellen noch mit hineingesteckten Stäbchen oder hellen Steinen markieren, damit alles an den richtigen Platz kommt. Beginnen Sie das Einpflanzen in der Mitte des Beetes und arbeiten Sie sich dann nach außen vor.

➤ Mit einer Schaufel graben Sie ein Loch, das ausreichend groß für den Wurzelballen ist.

➤ Ziehen Sie die gut gewässerte Pflanze aus dem Container und lockern Sie, wenn nötig, mit der Hand verfilzte Wurzelballen. Zeigen sich bereits junge Triebe an der Pflanze, geben Sie Acht, dass dabei keine abbrechen. Wenn sich auf der obersten Erdschicht des Ballens Unkraut oder Moos breit gemacht haben, entfernen Sie es.

➤ Setzen Sie die Staude so tief in das Pflanzloch, dass die Oberkante ihres Ballens mit der Beetoberfläche abschließt, und füllen Sie eine erste Schicht Erde ein – so viel, dass der Ballen bis zu einem Drittel in Erde steckt.

➤ Gießen Sie etwas Wasser nach. Dadurch schlämmen Sie die Bodenteilchen zwischen die Wurzeln.

➤ Nun füllen Sie das Pflanzloch vollständig mit der Gartenerde und drücken sie mit der Hand fest. Modellieren Sie dabei eine kleine Mulde um die Staude. Darin sammelt sich Regen- und Gießwasser. Und das geben Sie zum Abschluss der Pflanzung noch einmal reichlich.

Die Staude wird zunächst durchdringend gegossen und dann der Wurzelballen aus dem Topf gezogen.

Ballen einsetzen, die Erde auffüllen, festdrücken.
🕓 **Zeitbedarf:** 5 Min. pro Staude

April: Robuste Pflanzen ganz einfach vermehren

Es gibt grundsätzlich zwei Methoden, um relativ preiswert zu vielen Pflanzen zu kommen: Die Aussaat und die Vermehrung über Pflanzenteile. Für den Weekend-Gärtner kommen vor allem die direkte Saat und die Teilung in Frage, weil sie relativ wenig Zeit brauchen. Wem auch das zu lange dauert, der kauft vorgezogene Pflanzen und setzt diese ein.

TIPP

Vermehrung durch Teilung

Viele Stauden wie Herbstanemone, Kissenaster, Storchschnabel oder Taglilie können Sie durch Teilung leicht und preiswert selbst vermehren. Der beste Termin dafür ist das Frühjahr. So gehen Sie vor:

- Gießen Sie die Pflanze(n), die Sie teilen wollen, bereits einen Tag vor der Aktion kräftig.
- Graben Sie den Wurzelballen mit der Grabegabel oder dem Spaten aus.
- Lockere Ballen können Sie gleich mit den Händen in mehrere Teilstücke zerpflücken, zähe zerteilen Sie mit einem Messer oder dem Spaten.
- Jetzt müssen Sie die Pflanzenteile nur noch in frische Erde an einen neuen Platz in Ihrem Garten setzen.

◷ **Zeitbedarf:** 15 Min. pro Staude

GUT? BESTE SAMEN-QUALITÄT!

Vor allem ein- und zweijährige Sommerblumen, aber auch viele ausdauernde Staudenarten lassen sich leicht über Samen vermehren. Damit Sie sich nicht vergeblich bemühen, sollten Sie nur hochwertiges Saatgut verwenden: **Qualitätssaatgut** enthält Angaben zu Art und Sorte, die Kulturanweisung und ein Verfallsdatum. Nach diesem Zeitpunkt ist es nicht mehr optimal keimfähig, also nichts für den Weekend-Gärtner. Häufig werden Samen von **F1-Hybriden** angeboten. Mit F1 ist die erste Tochtergeneration eines speziellen Züchtungsverfahrens gemeint. Diese Hybriden haben oft sehr tolle Eigenschaften, sind aber meist nicht billig und bilden nur sterile oder gar keine Samen mehr aus. In **Saatbänder** eingebundene Samen liegen bereits im richtigen Abstand zueinander. Sie sind ausgesprochen praktisch, denn es muss nur noch eine Saatrille gezogen, das Band in diese hinein abgewickelt und die Rille dann mit den Rechenzinken geschlossen werden. Leider sind fast nur Saatbänder mit Gemüsesamen im Handel. Sie können aber am Beetrand zur Einfassung auch Radieschen oder Feldsalat »vom Band laufen« lassen. Zu **Selbstaussaat** neigen übrigens manche Arten wie das Vergissmeinnicht. Damit sie sich nicht unkontrolliert ausbreiten, können Sie die reifen Samen rechtzeitig sammeln, trocknen und im nächsten Frühjahr an passender Stelle säen.

SO SÄEN WEEKEND-GÄRTNER

Halten Sie sich grundsätzlich immer an die Angaben auf der Samentüte über Aussaatzeit, Saatdichte, -tiefe und Reihenabstand, damit Ihnen die Saat auch gelingt. Sie können entweder breitwürfig in ein vorbereitetes Beet (→ Seite 36/37) oder in etwas pflegeleichtere Reihen und natürlich auch direkt in Gefäße aussäen.

Direkt ins Beet lassen sich viele einjährige Arten säen, am besten gleich in bunter Mischung.

Einjährige Kletterpflanzen wie Kapuzinerkresse oder Feuerbohnen werden direkt ins Gefäß gesät.

➤ **Breitsaat.** Sie ist am einfachsten und eignet sich besonders für Sommerblumen oder eine Blumenwiese. Im Handel gibt es übrigens Samentüten mit attraktiven Sommerblumen-Mischungen, entweder kunterbunt oder in bestimmten Tönen wie Blau. Die Samen streuen Sie mit der Hand möglichst gleichmäßig über die vorbereitete Beetfläche. Bei größeren Flächen lohnt sich auch der Einsatz eines Streuwagens. Dann wird das Saatgut mit dem Rechen flach eingearbeitet und leicht angedrückt. Nun noch mit feiner Brause angießen – fertig!

➤ **Reihensaat.** Sie wird vor allem im Nutzgarten angewendet, natürlich können Sie aber auch eine Blumenreihe als Beeteinfassung säen. Ziehen Sie im vorbereiteten Beet mit einem Rechenstiel eine oder mehrere Saatrillen (Abstand meist 20–25 cm, Tiefe 3–5 cm). Säen Sie gemäß den Empfehlungen auf der Verpackung die Samen in gleichmäßigem Abstand in die Rillen, drücken Sie die Erde wieder zu und gießen Sie vorsichtig an. Markieren Sie die Reihen mit Etiketten, auf denen die ausgesäten Arten und Sorten vermerkt sind.

➤ **Direktsaat in Gefäße.** Damit ist nicht die häufig praktizierte Vorkultur von frostempfindlichen Arten im Haus (mit Pikieren und späterem Auspflanzen) gemeint, denn sie ist für den Weekend-Gärtner zu aufwändig. Schnell und einfach geht dagegen die direkte Saat von einjährigen Kletterpflanzen oder Kräutern in Töpfe, die dann gleich auf Balkon oder Terrasse gestellt werden. Wählen Sie ein ausreichend großes Gefäß, in dem auch die ausgewachsenen Pflanzen später noch Platz finden, sonst müssen Sie noch einmal umtopfen! Füllen Sie das Gefäß bis ca. 3 cm unter den Rand mit guter Erde auf. Streuen Sie darüber dünn und gleichmäßig die Samen und füllen Sie mit der Hand anschließend noch 1 cm Gartenerde auf. Drücken Sie die Erde leicht an und wässern Sie nun vorsichtig mit einer Brause. Einjährige Kletterpflanzen wie Duftwicke, Feuerbohne oder Kapuzinerkresse bekommen auch gleich ein Rankgitter oder eine andere Kletterhilfe in den Topf gesteckt (→ Deko-Tipp Seite 39). Jedes Gefäß erhält dann noch ein kleines Etikett mit dem Namen der Pflanzen. Frostempfindliche Arten wie die oben genannten Kletterpflanzen werden bei Spätfrösten abgedeckt, oder Sie stellen die Gefäße schnell ins Haus.

Schneeglöckchen *(Galanthus nivalis)*

Vergißmeinnicht *(Myosotis sylvatica)*

Narzisse *(Narcissus)*

Krokus *(Crocus*-Hybride*)*

Tulpe *(Tulipa)*

Stiefmütterchen *(Viola-Wittrockiana*-Hybriden*)*

Flieder *(Syringa-Vulgaris*-Hybride*)*

Elfenbeinginster *(Cytisus* x *praecox)*

Schneeglöckchen

(*Galanthus nivalis*)

Aussehen: 10–15 cm hohe heimische Zwiebelblume mit weißen, nickenden, duftenden Blütenglocken und schmalen Blättern. **Blütezeit:** Februar bis März. **Standort:** Unter laubabwerfenden Gehölzen und am Gehölzrand auf leicht feuchten Böden, auch im Topf. Will es im Frühjahr sonnig, verträgt später im Jahr auch Halbschatten und Schatten. **Pflege:** Nach der Blüte einziehen lassen, nicht düngen. **Tipps:** Die Pflanze ist giftig. Sie sät sich gerne selbst aus. Im Handel sind auch gefüllte Sorten erhältlich. Gute Partner sind frühe Krokusse.

Vergissmeinnicht

(*Myosotis sylvatica*)

Aussehen: Bis zu 35 cm hohe zweijährige Pflanze mit zarten Blütentrauben in Dunkel- bis Hellblau, Weiß oder Rosa. **Blütezeit:** März bis Mai. **Standort:** Sonne bis Halbschatten, auch für Gefäße geeignet. **Pflege:** Braucht bei sehr strengem Frost eine schützende Abdeckung mit Vlies oder Fichtenreisig. Im Frühjahr bei Trockenheit gießen, sonst verblüht es rasch. **Tipps:** Die meisten Sorten säen sich im Garten selbst wieder aus. Kunterbunte Frühjahrsbeete können Sie zusammen mit Gänseblümchen, Goldlack (*Erysimum cheiri*) und Stiefmütterchen gestalten.

Die Top 8 der

Narzisse

(*Narcissus*)

Aussehen: Je nach Art und Sorte 15–60 cm hohe Zwiebelblume. Teils gefüllte Blüten mit becherförmigem Zentrum und sternförmiger Nebenkrone in Weiß, Gelb, Orange und Rosa. **Blütezeit:** März bis Mai. **Standort:** Sonne bis leichter Schatten, Gehölzrand, Beet und Schale. **Pflege:** Im Frühjahr bei Trockenheit gießen. Schneiden Sie Blütenstiele besser mit Handschuhen, denn der schleimige Pflanzensaft kann zu Hautreizungen führen. Nach der Blüte einziehen lassen. **Tipps:** Größere Gruppen wirken besonders attraktiv, z. B. im Rasen.

Krokus

(*Crocus*-Hybride)

Aussehen: Zierliche, 5–10 cm hohe Zwiebelblume mit trichter- bis kelchförmigen Blüten in Weiß, Gelb, Blau, Violett, Purpur, auch mit andersfarbigen Schattierungen und Streifen. **Blütezeit:** Februar bis April. **Standort:** Sonne bis Halbschatten, durchlässiger Boden. Geeignet für Rasen, Beete und Gefäße. **Pflege:** Wiesen mit Krokussen erst Ende Mai mähen, wenn die Blätter vergilbt sind. **Tipps:** Die Blüten kommen in Gruppen besonders gut zur Geltung. Es gibt auch hübsche herbstblühende Arten wie *Crocus speciosus*, die man bereits im Sommer setzt.

Tulpe

(*Tulipa*)

Aussehen: Je nach Art und Sorte 15–70 cm hohe Zwiebelblume. Blüten einfach oder gefüllt, becher-, lilien- oder seerosenförmig, teils gefranst, ein- bis mehrfarbig, in allen Tönen außer Blau. **Blütezeit:** März bis Mai. **Standort:** Sonne bis Halbschatten, nicht zu kalkreiche Böden. **Pflege:** Zum Austrieb düngen, während der Blüte bei Trockenheit gießen, danach Laub einziehen lassen. **Tipps:** Wenn Sie verschiedene Farben kombinieren wollen, Sorten gleicher Höhe und Blütezeit wählen oder fertige Mischungen kaufen.

Stiefmütterchen

(*Viola-Wittrockiana*-Hybriden)

Aussehen: Bis 20 cm hohe zweijährige Pflanze mit großen Veilchenblüten. Ein-, zwei- und mehrfarbig in Weiß, Rosa, Gelb, Orange, Rot, Rotbraun, Blau und Violett. **Blütezeit:** März bis Mai und Oktober bis November. **Standort:** Sonne bis Halbschatten, für Beete und Gefäße geeignet. **Pflege:** Jungpflanzen, die bereits im Herbst an ihren Standort gesetzt werden, blühen im Frühjahr reicher und länger. Im Herbst und Frühjahr düngen. **Tipps:** Auch als Beeteinfassung sehr hübsch. Sie können mit ausgewählten Farben Muster pflanzen.

Frühjahrsblüher

Flieder

(*Syringa-Vulgaris*-Hybride)

Aussehen: Strauch von 4–6 m Höhe mit großen Blütenrispen an bogig überhängenden Zweigen. Einfache, duftende oder gefüllte Blütchen in Weiß, Gelb, Rosa, Rot, Lila. Es gibt auch attraktive zweifarbige Sorten. **Blütezeit:** Mai bis Juni. **Standort:** Sonne bis lichter Schatten, verträgt auch trockene Böden. **Pflege:** Im Frühjahr düngen, verwelkte Blütenkerzen abschneiden, damit sich keine Samen ausbilden. Bei veredelten Sorten Wildtriebe abschneiden. **Tipps:** Wirkt sowohl einzeln als auch in farblich abgestimmten Gruppen attraktiv.

Elfenbeinginster

(*Cytisus* x *praecox*)

Aussehen: Zwergstrauch, der 1–2 m hoch wird, mit süßlich duftenden Schmetterlingsblüten in Weiß, Cremegelb, Gelb, Lila, auch mehrfarbig. **Blütezeit:** April bis Mai. **Standort:** Sonne; bevorzugt leichte, sandige Böden. Möglichst warme, geschützte Lage. **Pflege:** Besonders schön blüht er, wenn immer gleich nach der Blüte ein Teil der Triebe zurückgeschnitten wird. **Tipps:** Schön in Kombination mit anderen schwachwüchsigen Sträuchern wie Wacholder. Auch für Steingärten und bepflanzte Tröge geeignet.

HOCHSAISON IM SOMMER

Nun geht es selbst im Weekend-Garten rund! Es **sprießt und grünt** überall, und die Zeit ist ideal für trendige **Gartenfeste**. Wenn die Sonne jedoch zu ausdauernd brennt, **lechzen** alle Pflanzen **nach Wasser**. Aber auch hier gibt es Arbeit sparende Hilfen!

Mai:
Busy-Weekend

Das Motto dieses Buches ist zwar »machen Sie mit Ihrem Garten ein Date im Monat aus«. Aber sorry – im Mai wird das vermutlich nicht ausreichen: Er ist der arbeitsreichste Monat. Das Gute daran ist: Was Sie jetzt erledigen, macht den ganzen Sommer über Freude.

Der Dauerfrost hat sich nun aus dem Boden verabschiedet, Bäume, Sträucher und Stauden tragen wieder ihren grünen Blättermantel, nach und nach öffnen sich immer mehr Blüten, und die warme Sonne lockt den Weekend-Gärtner ins Freie. Auch jetzt ist noch eine gute Zeit, um zu pflanzen. Die Gewächse werden gut anwachsen, denn es regnet noch oft genug, um den Boden feucht zu halten, und die Sonne hat noch nicht die Intensität wie in den folgenden zwei Monaten – in denen Sie dann nach Möglichkeit nichts mehr einsetzen sollten. Denn Sie müssten bei einer Hitzewelle viel zu viel Mühe aufwenden, z. B. schattieren und gießen, damit die Pflanzen noch einwurzeln.

DIE »EISHEILIGEN«

Früher galt noch die Bauernweisheit »Pankraz, Servaz und Bonifazi sind drei frostige Bazi, und zum Schluss fehlet nie die kalte Sophie«. Fast regelmäßig traten in der Zeit vom 12. bis zum 15. Mai – den »Eisheiligen« – gefürchtete Spätfröste auf, die empfindliche Pflanzen und oft auch die Obstbaumblüte verdarben. Laut Wetterstatistik sind heute diese Fröste viel seltener geworden. Dennoch sollten Sie vorsichtshalber bis Mitte Mai mit Wetterkapriolen rechnen. Wenn Sie frostempfindliche Arten bereits an einem milden April-Wochenende nach draußen gebracht haben, halten Sie immer Abdeckmaterial wie Vlies oder Noppenfolie bereit, die Sie abends im Fall des Falles schnell schützend über die Gewächse breiten können. Erst in der zweiten Maihälfte dürfen solche Pflanzen sorglos nach draußen gesetzt werden. Zu ihnen gehören Sommerblumen wie Ringelblume und Tagetes. Damit können Sie jetzt Lücken in Beeten schließen, die z. B. durch das Einziehen der frühjahrsblühenden Zwiebelblumen entstanden sind.

SHOPPING? ACHTUNG HOCHBETRIEB!

Im Mai herrscht in den Gartencentern Hochbetrieb. In dieser Zeit werden zwischen 60 und 80 % des Jahresumsatzes erwirtschaftet. Wenn Sie jetzt noch etwas einkaufen wollen, vermeiden Sie wenn irgend möglich, dies an einem Samstagvormittag zu erledigen. Sonst müssen Sie sich auf volle Parkplätze und lange Schlangen an der Kasse einstellen. Günstigere Zeiten sind in den Vormittagsstunden von Dienstag bis Donnerstag. Dann sind deutlich weniger Kunden unterwegs und die Regale wieder aufgefüllt. Alle neu gekauften Containerpflanzen sollten Sie zu Hause durchdringend gießen und dann in eine schattige Ecke stellen. So halten sie noch etliche Tage aus, bis sie am Wochenende in die Erde kommen.

BEETE MULCHEN

Alles sprießt jetzt – auch die Unkräuter im Garten. Diese müssen raus, sobald sie sich zeigen, und dürfen auf keinen Fall wieder aussamen. Sie können jetzt z. B. mit einer Hacke den Boden

In Töpfen und Beeten blüht und grünt es schon im Mai üppig.

lockern und gleichzeitig von Unkraut befreien. Um sich diese Arbeit in Zukunft zu sparen, bedecken Sie die freien Flächen in Beeten oder zwischen Gehölzen mit einer Mulchschicht, z. B. Rindenhäcksel aus dem Gartenmarkt, Ihrem ersten Grasschnitt im Jahr, gemischt mit etwas Kompost, oder einem anderen unkrautfreien Material. Wenn diese Abdeckung zuverlässig gegen Unkraut helfen soll, muss sie etwa 5 cm dick ausgebracht werden. Befeuchten Sie sie anschließend, so hält die Schicht auch den Boden feucht und erspart Ihnen neben dem Hacken und Unkrautjäten noch Gießarbeit. Nur leider: Frisch angesäte oder -gepflanzte Beete können noch nicht gleich gemulcht werden. Hier müssen Sie warten, bis die Pflanzen aufgegangen bzw. eingewurzelt sind.

STAUDEN STÜTZEN

Falls Sie nicht ohnehin standfeste Sorten gepflanzt haben (→ Seite 40), müssen Sie höher wachsende Stauden wie die Pfingstrosen jetzt stützen. In der Regel wird diese Arbeit fällig, wenn sie eine Höhe von ca. 30 cm erreicht haben – oder wenn sie umzufallen beginnen (→ Seite 56 f.).

TIPP

Pflegeleichtes zum Naschen

In Zierbeeten ist auch hin und wieder Platz für die eine oder andere delikate Art:

- **Beerenobst:** Monatserdbeeren eignen sich zur Einfassung von Beeten, Johannisbeer-Hochstämmchen können Sie in die Mitte setzen.
- **Salate:** Eine Reihe Schnittsalat gibt eine schöne Beeteinfassung ab. Salatköpfe sehen zwischen niedrigen Stauden auch gut aus.
- **Kräuter:** Wie wärs mit Schnittlauch als Einfassung? Er blüht auch attraktiv. Dekorative Blüten fürs Beet haben noch Borretsch, Salbei oder Thymian.
- **Gemüse:** Hübsch für Beete sind Radieschen oder Mangold in Regenbogenfarben.

Mai: Bunte Pracht für Balkon & Terrasse

Ist die Frostgefahr endlich gebannt, können Sie nach Herzenslust Gefäße für Balkon und Terrasse bepflanzen (s. u.). Bei der Zusammenstellung wählen Sie wie immer Arten mit gleichen Ansprüchen an Licht und Feuchtigkeit (→ Seite 12). Die Farbwahl können Sie nach den gleichen Gesichtspunkten durchführen wie bei Beeten (→ Seite 40). Lassen Sie sich Gießarbeit eventuell von automatischen Systemen (→ Seite 58) abnehmen, denn Pflanzen in Gefäßen brauchen öfter Wasser als in Beeten.

BALKONKÄSTEN GESTALTEN

Haben Sie Mut zur Farbe? Umwerfend wirken Komplementärfarben wie Gelb und Violett. Dafür können Sie z. B. das Gelbe Gänseblümchen (*Thymophylla tenuiloba*) mit lila Petunien (*Petunia*-Hybriden) kombinieren. Pflanzen mit hellem Laub mindern starke Kontraste: So sieht eine Kombination von knallroten Geranien (*Pelargonium*-Hybriden) mit dem weiß gerandeten Harfenstrauch (*Plectranthus coleoides*) sehr elegant aus. Effektvoll ist auch eine Kombination von Blüten in Rosa, Lila und Weiß, z. B. Sommernelke (*Dianthus-Chinensis*-Hybride), Eisenkraut (*Verbena*-Hybride) und Margeriten (*Chrysanthemum*-oder *Argyranthemum*-Arten). Sonnig wirkt reines Gelb, z. B. von Gelben Gänseblümchen oder Petunien. Vor farbigen Fassaden kommt aber selbst eine rein weiße Bepflanzung, z. B. mit Geranien und Petunien, gut zur Geltung. Wollen Sie auch mal etwas naschen? Erdbeeren, Pflücksalat und Kräuter gedeihen selbst zwischen Zierpflanzen im Kasten. Sogar Balkontomaten und Zucchini sprießen, wenn sie genug Platz bekommen.

KÜBELPFLANZEN AUFSTELLEN

Auf der warmen, geschützten Terrasse gefällt es sonnenverwöhnten Arten gut. Hier ist auch ein guter Platz für Kräuter, die dann schnell in der Küche zur Hand sind. Hübsch wirken spezielle Kräutertöpfe, deren Öffnungen attraktiv mit verschiedenen Arten bepflanzt werden können. Aber auch bunte Pflücksalat-Mischungen lassen sich darin ansäen. In Kübeln gedeihen viele Arten, Nützliches wie die Bergfeige (*Ficus carica*) und Lorbeer (*Laurus nobilis*), Blühendes und Duftendes wie Lavendel (*Lavandula angustifolia*), Schmucklilie (*Agapanthus praecox*) oder Strauchmargerite (*Argyranthemum frutescens*) – oder einfach Gras, Moos und Polsterpflanzen (→ rechts).

TROCKENBEET ANLEGEN

Neben der Terrasse oder in einem Naturstein-Trog ist meist Platz für ein Trockenbeet, das kaum gegossen werden muss. Hier können auch trockenheitsverträgliche Kräuter wie Rosmarin (*Rosmarinus officinalis*) und Thymian (*Thymus vulgaris*) gedeihen. Für Farbtupfer in Weiß, Gelb und Hellorange sorgen das Mittagsgold (*Gazania*-Hybride) oder das Portulakröschen (*Portulaca grandiflora*). Als Bodendecker eignet sich gut die Hauswurz (*Sempervivum*-Arten), zwischen deren Rosetten kaum noch Unkraut durchkommen kann.

GEFÄSSE BEPFLANZEN

Alle frostharten Pflanzen werden ab April, die empfindlichen erst nach den Eisheiligen in Gefäße gesetzt.

➤ Füllen Sie auf den Boden des neuen Gefäßes eine 2–3 cm hohe Drainageschicht aus zerbrochenen Tonscherben oder Kies.

➤ Geben Sie nun soviel frische Pflanzenerde darauf, dass der ausgetopfte Wurzelballen Platz hat und noch etwa 2–3 cm bis zum Topfrand als Gießrand frei bleiben.

➤ Füllen Sie nun rund um den Ballen Erde ein. Wenn Sie die Pflanze mit einen Langzeitdünger versorgen wollen, wird er in der auf der Packung empfohlenen Dosis gleich untergemischt.

➤ Drücken Sie die Erde an und gießen Sie durchdringend.

Schlicht und modern
Einfache Pflanzen wie Gräser, Moose und unauffällige Polsterpflanzen können eine umwerfende optische Wirkung haben.

Balkonkasten einhängen
Fertig bepflanzte Balkonkästen und alle anderen kippverdächtigen Gefäße müssen gut befestigt werden, damit sie nicht um- bzw. herunterfallen können. Es gibt unterschiedliche Modelle im Handel, z. B. Halterungen zum Einhängen oder zum Festschrauben.

Relaxen erlaubt
Nach getaner Arbeitdarf der Weekend-Gärtner unter dem Sonnenschirm ausruhen ...

DEKO-TIPP

Kasten mal ganz anders

Sie brauchen ein geeignetes Gefäß, mit Sand und feinem Kies gemischte Pflanzerde, größere Steine zur Dekoration und einige Pflanzen einer passenden Art.

- Für einen sonnigen Standort eignet sich die ausdauernde Bergsegge (*Carex montana*) mit frischgrünen, schmalen und langen Blättern. Die flachen Horste werden nur etwa 10 cm hoch.
- Im Schatten verwenden Sie besser den wintergrünen Bärenfellschwingel (*Festuca scopaira*). Er bildet bis zu 20 cm hohe, sattgrüne, fellartige Polster.
- In Sonne wie Halbschatten gedeihen auch die dunkelgrünen, niedrigen Polster des Sternmooses (*Sagina subulata*), das im Sommer weiße Blütchen bildet.

Wenn der Kasten später dem Regen ungeschützt ausgesetzt ist, empfiehlt sich eine Drainageschicht von 2–3 cm Kies.

Mai: Wellness-Kur für Ihren Rasen

So ein Rasenteppich muss schon etwas aushalten: Kälte und Schnee im Winter, Hitze und Trockenheit im Sommer, Platzregen, tanzende Partygäste, kantige Stuhlbeine, Meteoriten ... Gönnen Sie ihm ein aufbauendes Wellness-Weekend!
Lücken im Rasen sollten Sie im Mai nachsäen (→ Seite 16 und rechts). Für die Rasenerneuerung gibt es im Handel Spezialmischungen mit besonders schnell keimenden Gräsern. Kleinere Fehlstellen lassen sich auch mit aufgelegten Rasenstücken schließen (→ rechts), die Sie irgendwo am Rand des Gartens abstechen, wo es nicht so auffällt.

BELÜFTEN UND VERTIKUTIEREN

In einen verdichteten Boden können weder Luft noch Wasser eindringen, und der Rasen sieht allmählich nicht mehr gut aus. Lüften Sie ihn daher regelmäßig. Bei kleineren Flächen können Sie das mit Nagelschuhen (→ rechts) machen – schnallen Sie einfach Ihren Partygästen welche fest, dann wird aus Arbeit Spaß! Selbst eine Grabegabel kann wie ein Regenwurm Gänge in die Erde bohren. Für größere Flächen ab etwa 150 qm lohnt sich aber der Einsatz eines Elektrolüfters.
Wenn die Oberfläche des Rasens zusätzlich verfilzt ist, empfiehlt es sich, zu vertikutieren. Dabei dringen scharfe Zinken oder Messer vertikal in die Grasnarbe ein, holen Moos und abgestorbene Pflanzenteile heraus und belüften den Boden. Für kleine Flächen bis etwa 50 qm gibt es Vertikutierrechen, ihre Anwendung ist jedoch schweißtreibend. Motorbetriebene Geräte empfehlen sich für größere Flächen. Übrigens: An schattigen Stellen breitet sich gerne Moos aus. Das hat einerseits den Vorteil, dass das Gras dort nicht mehr wächst, also auch nicht gemäht werden muss. Andererseits gefällt Ihnen der Anblick vielleicht nicht. Eventuell ist es dann besser, diesen Bereich mit einem Bodendecker wie Efeu oder Immergrün zu bepflanzen.

WASSER MARSCH!

Wenn das Gras schön grün bleiben soll, braucht es bei längerer Trockenheit Wasser. Die beste Zeit fürs Wässern ist der Abend, dann verdunstet das Nass nicht so schnell. Für den Weekend-Gärtner gibt es bequeme Möglichkeiten (→ Seite 58/59):

- Ein geschlitzter Sprühschlauch wird schlangenförmig ausgelegt (→ rechts) und verteilt das Wasser als feinen Regen.
- Sektoren-, Viereck- oder Kreisregner werden an einen normalen Gartenschlauch angeschlossen. Durch den Wasserdruck bewegen sich die Wasserdüsen hin und her oder sie rotieren. Dadurch wird eine begrenzte Fläche gegossen. Durch mehrmaliges Versetzen können Sie größere Flächen beregnen. Außerdem sind diese Geräte an heißen Tagen bei Kindern sehr beliebt!

Sie konnten Ihren Rasen dennoch nicht ausreichend wässern, und es haben sich braune Stellen gebildet? Keine Panik: Er erholt sich nach den nächsten ergiebigen Regenfällen wieder!

DAS LEIDIGE MÄHEN

Wichtig ist der erste Schnitt bei frisch angesätem Rasen, sobald er etwa 5 cm Höhe erreicht hat. Dadurch wird das Wachstum angeregt, damit sich die Grasnarbe bald schließt und Unkraut keine Chance bekommt. Bei eingewachsenem Rasen ist es Ihre Entscheidung, wie oft sie mäen. Wenn Sie nur hübsche Muster (→ Seite 61) in den Rasen mähen, haben Sie weniger Arbeit. Jeder durchschnittliche Motormäher kommt sogar mit 15–20 cm hohem Gras noch gut zurecht, wenn Sie jeweils nur schmale Streifen (ein Drittel der Mähbreite) in Angriff nehmen.
Folgen Sie übrigens nicht blind den Düngeempfehlungen für Rasen, denn Düngen fördert das Wachstum, bedeutet also mehr Mäharbeit. Wenn der Rasen schütter wird, ist Kraftfutter sicher angebracht. Mancher Gebrauchsrasen hat aber auch schon seit zehn Jahren keines mehr bekommen und sieht trotzdem gut aus.

In Rasenlücken nachsäen

Lockern Sie zuerst die Fläche und entfernen Sie alles Unkraut, Wurzeln und große Steine. Glätten Sie die Oberfläche mit einem Rechen. Verwenden Sie zur Aussaat entweder Ihre ursprüngliche Rasenmischung oder eine Spezialmischung zum Ausbessern von Fehlstellen. Säen Sie von Hand möglichst gleichmäßig aus. Drücken Sie die Saat mit Brettern oder einer Walze in die Erde und gießen Sie alles mit feinem Wasserstrahl an (→ Rasen anlegen, Seite 16).

Zeitbedarf: 20 Min. pro m^2

Rasen belüften

Damit der Rasen wieder Luft bekommt, werden nach dem Regenwurm-Prinzip Löcher in die Erde gebohrt. Am einfachsten ist es, wenn Sie mit Nagelschuhen über die Wiese laufen – da haben Sie Ihr kostenloses Fitness-Center gleich zu Hause! Aber auch mit einer simplen Grabegabel und natürlich mit motorbetriebenen Spezialgeräten aus dem Fachhandel lässt sich Rasen belüften.

Zeitbedarf: 5 Min. pro m^2

Rasen wässern

Zu lange Durststrecken lassen den Rasen ausbleichen. Deshalb braucht er hin und wieder Wasser. Relativ bequem versorgen Sie ihn mit dem kühlen Nass, indem Sie einen mit Schlitzen versehenen Sprühschlauch in Schlangenlinien über den Rasen legen. Dann drehen Sie den Wasserhahn auf und lassen es ordentlich sprühen. Wenn damit nicht die ganze Rasenfläche abgedeckt werden kann, müssen Sie den Schlauch noch entsprechend verziehen. Als Alternative gibt es auch verschiedene Regnertypen, die an einen normalen Gartenschlauch angeschlossen werden.

Zeitbedarf: 15 Min. pro Schlauchlänge

Fehlstellen ausbessern

Bereiten Sie zunächst die Lücke wie oben beschrieben vor. Stechen Sie dann mit dem Spaten zuerst senkrecht ein nicht zu großes Rasenstück ab. Fahren Sie nun mit dem Spaten waagerecht unter die Wurzeln und trennen Sie das Rasenstück vom Untergrund. Legen Sie es auf eine passende Stelle der Lücke und drücken es an. Das wiederholen Sie, bis die Fläche geschlossen ist. Anschließend die ausgebesserte Stelle durchdringend wässern.

Zeitbedarf: 40 Min. pro m^2

Juni: Beauty-Weekend

Im Juni stehen die Rosen und die Staudenbeete in voller Blüte. Schon allein deshalb ist der Juni ein Beauty-Monat. Jedoch braucht dauerhafte Schönheit bekanntlich Zuwendung und Pflege. Deshalb sollten Sie beim Juni-Date alles entfernen, was den attraktiven Anblick stört.

Wo gehobelt wird, da fallen Späne – wo viele Blüten sind, rieseln bald die abgeblühten Blätter zu Boden und sind dann keine Zierde mehr. Manche Pflanze beginnt auch, Samen anzusetzen, was nicht immer erwünscht ist. Denn dies kostet Kraft und schmälert den Blütenflor. Ganz abgesehen davon sieht es einfach schöner aus, wenn alles abgeknipst und weggefegt ist.

KLEINE SCHÖNHEITSPFLEGE

➤ **Rosen.** Beet- und Kletterrosen erhalten einen Sommerschnitt. Dabei werden verblühte Triebe knapp über dem obersten voll entwickelten Blatt – das also alle fünf Fiederblätter ausgebildet hat – abgeschnitten. Aber: Haben Sie eine alte Strauchrose, die Hagebutten entwickelt? Wenn Sie sich im Herbst darüber freuen wollen, dürfen Sie Verblühtes nicht abschneiden!

➤ **Rhododendren.** Verblühte Rhododendron-Dolden werden ausgebrochen, damit die an ihrer Basis sitzenden Knospen zu einem kräftigen Austrieb angeregt werden. Nehmen Sie die Dolden zwischen Daumen und Zeigefinger und knicken Sie sie kurz oberhalb der bereits sichtbaren Knospen zur Seite. Passen Sie auf, dass dabei die Knospen nicht beschädigt werden.

➤ **Stauden.** Bei Bartiris oder Taglilien schneiden Sie Verblühtes mit der Gartenschere ab. Die meisten blühen dann besser.

➤ **Balkon- und Kübelpflanzen.** Schneiden oder kneifen Sie Verblühtes ab. Bei Pelargonien z. B. bricht man die Blütenstiele an der Ansatzstelle aus. Zupfen Sie auch vergilbte Blätter ab.

STAUDEN UND KLETTERGEHÖLZE ANBINDEN

Viele hochwachsende Arten sind auf Blütengröße hingezüchtet worden. Ihre Stängel können dann die Prachtblüten kaum tragen, fallen spätestens bei einem Platzregen auseinander oder knicken regelrecht ein. Kein schöner Anblick! Oft brauchen Klettergehölze wie Rosen auch ein wenig Nachhilfe, um an ihren Gerüsten hinaufwachsen zu können.

➤ **Stauden.** Hochwachsende Arten binden Sie mit Gärtnerbast an einfache Stützstäbe. Breitwachsende erhalten einen Stützring oder ineinandergreifende Steckhalterungen. Im Fachhandel finden Sie unterschiedliche Modelle, auch solche, die Sie von Anfang an zum »Hineinwachsen« befestigen können.

➤ **Klettergehölze.** Sie werden mit Bast an das Rankgerüst gebunden. Achten Sie darauf, den Bast in Form einer Acht (→ Foto rechts unten) um Pflanze und Gerüst zu legen, damit die Bindung flexibel bleibt und die Pflanze nicht eingeschnürt und im Wachstum behindert wird.

FORMSCHNITT VON HECKEN UND GEHÖLZEN

Hecken können ab Ende Juni geschnitten werden, wenn die Vögel normalerweise ihre Brut aufgezogen haben (Vorsicht: Manchmal gibt es auch eine zweite Brut im Frühsommer). Gehölze im Kübel schneidet man ebenfalls erst Ende Juni, weil sie dann nicht sofort wieder stark austreiben. Heckengehölze sind übrigens hart im Nehmen. Hier brauchen Sie nicht darauf zu achten, wo die Knospen sitzen, um genau an dieser Stelle zu schneiden. Für kleine Formgehölze reicht eine klassische Heckenschere mit Handbetrieb. Bei größeren Hecken lohnt sich der Kauf eines motorbetriebenen Geräts. Selbstverständlich sollten die Schneiden auch scharf sein.

➤ **Hecken.** Bei jungen Hecken kürzen Sie in der Aufbauphase nur die zur Seite wachsenden Triebe, bis der mittlere Haupttrieb die gewünschte Höhe erreicht hat. Da alle Partien der Gehölze Licht brauchen, sollte die Hecke stets einen trapezförmigen bzw. spitz- oder rundkegeligen Querschnitt erhalten. Markieren Sie mit einer gespannten Schnur oder einem Lattengerüst die gewünschte Form und legen Sie los: Mit der Heckenschere kürzen Sie nun einfach alle Triebe, die über die Markierung hinausragen.

➤ **Formgehölze in Kübeln.** Sie werden in geometrische oder figürliche Form geschnitten, was in England eine lange Tradition hat. In hübschen Gefäßen sind z. B. Buchskugeln eine umwerfende Dekoration für den Eingangsbereich oder die Terrasse. Ihre Aufzucht erfordert aber etwas Geduld und regelmäßigen Schnitt. Sie können die Form je nach Geschick frei Hand schneiden oder sich eine Schablone zum Anlegen basteln. Wenn Sie Gehölze in Form von Figuren schneiden wollen, können Sie im Fachhandel spezielle Drahtrahmen kaufen, die Sie einfach in den Topf über die Pflanze stecken. Die jungen Gehölze müssen den Rahmen zuerst einmal ausfüllen. Wenn es soweit ist – oft erst nach drei bis fünf Jahren – können Sie Ende Juni alle überstehenden Triebe abschneiden. Für den ungeduldigen Weekend-Gärtner bietet der Fachhandel bereits fertige Formgehölze an – diese haben aber ihren Preis.

Eine Hecke aus immergrünem Buchs wird in Form geschnitten.
Zeitbedarf: 10–20 Min. pro laufendem Meter Hecke

Mit einer Achterschlaufe können Sie Kletterrosen festbinden.
Zeitbedarf: 5–15 Min. pro Pflanze

Tropfschlauch

Blumat

Basics

Smarte Bewässerungssysteme

Zu wenig Wasser kann tödlich sein – zu viel aber auch: Die Versorgung der Pflanzen mit dem Leben spendenden Nass kriegt der Weekend-Gärtner nur mit technischer Hilfe hin. Denn wenn die Blätter bereits schlaff herunterhängen, dürfen Sie nicht bis zum nächsten Samstag warten!

Pflanze wie Mensch bestehen zum größten Teil aus Wasser (→ Seite 24). Bei der Pflanze hält Wasser die Gewebespannung aufrecht, es transportiert Nährstoffe und Stoffwechselprodukte, es ist Baustein von vielen organischen Substanzen, und an heißen Tagen sorgt verdunstendes Wasser für Abkühlung. Versiegt der Wasserzufluss, gerät der gesamte Stoffwechsel der Pflanze aus den Fugen, erhält sie zuviel des Guten, ersticken ihre Wurzeln. Die goldene Mitte ist auch beim Gießen (→ Seite 60) das Maß aller Dinge. Die Optimierung der Wasserversorgung ist deshalb für den Weekend-Gärtner der wichtigste Job.

TROPFSCHLAUCH

Es gibt verschiedene Ausführungen, die wichtige Gartenbereiche den ganzen Sommer über optimal mit Wasser versorgen können. Über die Öffnungen eines an den Wasserhahn angeschlossenen Perlregnerschlauchs tropft Wasser kontinuierlich auf den Boden unter den Pflanzen, also genau in den Wurzelbereich. Damit die Pflanzen die richtige Wassermenge bekommen, empfiehlt sich eine automatische Bewässerungssteuerung, kombiniert mit einem Sensor, der die Feuchte im Boden misst. Es gibt auch Modelle, bei der eine Zeituhr das Ein- und Ausschalten regelt. Wenn ein Nachbar ab und zu nach dem Rechten sieht, können Sie mit diesen Vorrichtungen unbesorgt auf einen Wochenend-Trip oder eine Weltreise gehen.

BLUMAT FÜR GEFÄSSE

Auch für Blumenkästen und Kübelpflanzen gibt es Tropfbewässerungen in verschiedenen Ausführungen. Allen gleich ist ein von Hand zu füllender Wassertank, der erhöht angebracht wird, damit ein gewisser Wasserdruck entsteht. Über dünne Kunst-

Regner

Gefäße mit Depot

stoffschläuche können mehrere Gefäße angeschlossen werden. Am Schlauchende regeln Tropfer den Austritt des Wassers, die nach unterschiedlichen Prinzipien arbeiten. Wegen der begrenzten Wassermenge können diese Geräte nicht über einen längeren Zeitraum eingesetzt werden. Von einem Wochenende zum anderen reichen sie aber in der Regel aus.

REGNER IN VARIATIONEN

Regner bewähren sich seit Jahrzehnten zur Bewässerung von Rasenflächen. Sie werden an den Gartenschlauch angeschlossen und durch den Wasserdruck betrieben. Zur Not können sie auch in Beeten eingesetzt werden. Allerdings verbrauchen sie im Vergleich zur Tropfbewässerung mehr Wasser und benetzen auch die Blätter der Pflanzen, was zu Pilzbefall führen kann.

➤ Viereck- oder Pendelregner lassen sich so einstellen, dass sie genau eine rechteckige Fläche mit Wasser versorgen.

➤ Kreisregner verteilen das Wasser gleichmäßig auf eine kreisförmige Fläche.

➤ Impulsregner rotieren impulsartig und benetzen einen (kreisförmigen) Teilbereich.

GEFÄSSE MIT WASSERRESERVOIR

Es gibt Balkonkästen, die im Gefäßboden ein Wasserresevoir haben, das durch einen Zwischenboden vom darüber liegenden Substratbereich getrennt ist. Das Wasser wird über einen Einfüllstutzen mit Überlauf nachgefüllt und über Dochte in das Substrat gesaugt. Damit sind die Pflanzen zumindest für einige Tage versorgt. Diese Kästen müssen jedoch absolut waagerecht aufgestellt werden, damit ein gleichmäßiger Wasserstand gewährleistet ist.

DIE KLASSIKER GIESSKANNE UND SCHLAUCH

Die **Gießkanne** ist heute einfach unentbehrlich. Für den Einsatz im Garten sollte es schon ein leichtes Modell aus Kunststoff mit 10 Liter Fassungsvermögen sein. Verzinkte Kannen sind zwar schön, aber sehr schwer. Wichtig ist ein aufsteckbarer Brausekopf, damit Sie Empfindliches sanft abduschen können.

Der **Gartenschlauch** ist ab einer Gartengröße von 100 qm bereits unverzichtbar. Er braucht aber auch einen Wasseranschluss am Haus oder im Garten. Ein Schlauchwagen oder eine feste Wandhalterung erleichtert das Aufrollen und Aufbewahren des Schlauches. Wichtig sind noch eine smarte Kupplung und eine Sprühdüse, mit der der Wasserstrahl zwischen fein und grob reguliert werden kann. Folgende Kniffe verlängern die Lebensdauer Ihres Schlauchs:

➤ Vermeiden Sie Knicke im Schlauch und ziehen Sie ihn nicht über scharfe Kanten.

➤ Lassen Sie ihn nicht länger als nötig in der Sonne liegen, denn das UV-Licht macht den Kunststoff porös.

➤ Halten Sie beim Aufrollen den Schlauch in die Höhe, damit das Wasser vollständig herausfließen kann.

Juli: Routine-Weekend

Der Sommer ist auf seinem Höhepunkt, es grünt und blüht an allen Ecken und Enden. Jetzt brauchen die Pflanzen vor allem Wasser – und manche auch ein bisschen Dünger.

Wenn Sie per Hand mit der Kanne gießen, gilt die Regel: Besser einmal durchdringend wässern als mehrmals nur wenig. Gegossen wird am besten in den frühen Morgenstunden oder am Abend. Mittagshitze lässt das Wasser schnell verdunsten. Außerdem können Wassertropfen bei praller Sonne Brennflecken auf den Blättern hinterlassen. Bewässern Sie also am besten den Boden im Wurzelbereich und benetzen Sie möglichst keine Blätter. Besser ist es auch, temperiertes Wasser aus der Regentonne zu verwenden anstatt kaltes Leitungswasser. Wenn Sie sich auf Bewässerungssysteme verlassen, kann dieses Ideal nicht immer eingehalten werden. Die hier empfohlenen pflegeleichten Arten und auch noch viele andere werden das aber wegstecken.

PRACHT VERLANGT KRAFTFUTTER

Wenn Sie in Ihr Beet Kompost eingearbeitet haben (→ Seite 36), ist das für die meisten pflegeleichten Arten genügend Düngung für das ganze Jahr. Ausnahmen sind Pflanzen, die besonders üppig wachsen und blühen, also vor allem die öfterblühenden Rosen. Ihnen tut am Juli-Anfang eine schnell wirkende Düngergabe gut. Am besten geeignet sind leicht lösliche Mineraldünger oder spezielle Rosendünger in fester oder flüssiger Form aus dem Fachhandel. Dosieren Sie aber nicht höher, als auf der Verpackung angegeben. Einerseits bekommen die Rosen dadurch Kraft für den nächsten Blütenschwall, andererseits erfolgt die Düngung noch früh genug im Jahr, damit die Rosentriebe ausreifen und im Winter dem Frost widerstehen können.

Auch im Juli werden Sie wieder **Verblühtes abschneiden** müssen, besonders bei den Rosen (→ Seite 56). Auf Flächen ohne Mulchschicht, z. B. dort, wo frisch gesät und gepflanzt wurde, dürfte jetzt Unkraut sprießen. **Hacken** Sie diese Bereiche, das reißt die unerwünschten Pflanzen heraus, lockert den Boden und verringert die Verdunstung von Wasser. Manche Unkräuter sind allerdings wahre Überlebenskünstler. Das liegt an ihrer Fähigkeit, selbst aus Teilstücken der Wurzeln, die beim Hacken im Boden verblieben sind, neue Pflanzen zu bilden. Greifen Sie hier beherzt zu den Handschuhen und **jäten** Sie die Pflanzen – hilfreich ist auch ein Unkrautstecher. Sie müssen nicht nur mit Stumpf und Stiel, sondern mit möglichst allen Wurzelteilen restlos aus dem Boden. Geben Sie diese lästigen Genossen auf keinen Fall auf Ihren Kompost, damit sie sich nicht wieder ausbreiten. Die unkrautfreien Flächen können Sie z. B. mit Grasschnitt **mulchen**, wobei Sie zu jungen Pflanzen noch 10 cm Abstand einhalten sollten. Auch ältere Mulchschichten sind einen Check-up wert. Durch Verrottung, Regen und Sturm werden sie immer dünner. Sie sollten die Schicht mit frischem Material wieder aufstocken, damit Unkraut zuverlässig unterdrückt wird.

RASEN UND WIESE MÄHEN

Der **Rasen** wächst immer noch kräftig, erst im Frühherbst wird sein Sprießdrang nachlassen. Der Juli ist eine gute Zeit, um ihm mit dem Mäher ein Muster zu verpassen (→ rechts), außerdem macht das weniger Mäharbeit. Sind Sie stolzer Besitzer einer

Eine Rasenspirale lässt sich einfacher mähen, als es aussieht. Immer von außen beginnen! **Zeitbedarf:** 15–30 Min.

Blumenwiese? Dann hatten Sie im Juni sicher Ihre Freude an der Blütenpracht. Jetzt im Juli blüht sie ab und bildet Samen, es ist also die richtige Zeit für die jährliche Mähaktion. Sie können ihr mit einem Balkenmäher, einer Motorsense oder einer klassischen Sense (dazu gibt es Kurse an der Volkshochschule) auf den grünen Pelz rücken. Lassen Sie den Schnitt drei Tage lang liegen, damit die Samen ausfallen können. Dann muss das Heu aber kompostiert oder zum Wertstoffhof gebracht werden, weil es sonst die Wiese zu sehr düngen würde. Und Dünger vertragen die Wildblumen nicht! Das alles hört sich zwar zunächst nach viel Arbeit an – aber die ist nur einmal im Jahr fällig.

HERBSTBLÜHER GEFÄLLIG?

Haben Sie schon Herbstblüher im Garten? Wenn nicht, dann können Sie sogar bis Ende Juli noch etwas tun für eine Blütenpracht im gleichen Herbst: Die Zaubermittel sind Herbstkrokusse und Herbstzeitlose. Es gibt viele Sorten davon im Fachhandel. Sie werden genauso gepflanzt wie ihre frühjahrsblühende Verwandtschaft (→ Seite 76).

DEKO-TIPP

Rasenmuster mähen

Besonders deutlich zeichnen sich die Muster ab, wenn Sie zuerst die gesamte Fläche abmähen.

- Sobald das Gras wieder mindestens 5 cm gewachsen ist, beginnen Sie mit dem Mustermähen.
- Sie können z. B. immer abwechselnd einen Streifen mähen und einen gleich breiten stehen lassen. Hübsch sind auch Wellenlinien, Spiralen (→ oben) oder Kreise.
- Wenn Sie in einigen Wochen das Muster noch einmal nachmähen, kommt es viel prägnanter heraus.
- Bei seitlichem Streiflicht zeichnen sich die Muster besonders gut ab. Wenn Sie abends auf den gemähten Flächen Fackeln oder Windlichter aufstellen, erzielen Sie viel Effekt und eine umwerfende Party-Kulisse.

Duftendes erschnuppern!

Relaxen mit Wasserkühlung!

Basics

Mit allen Sinnen genießen

Riechen, Schmecken, Fühlen – im Garten warten Sinnesfreuden in Hülle und Fülle. Das Schöne daran ist: Diese Genüsse haben keine schädlichen Nebenwirkungen! Aber man könnte fast davon abhängig werden...

Unser Geruchssinn wird oft unterschätzt. Neue wissenschaftliche Untersuchungen glauben sogar beweisen zu können, dass wir unseren Partner unbewusst nach seinem körpereigenen Geruch aussuchen. Der muss dem eigenen möglichst entgegengesetzt sein, denn nur so gelingt der Natur eine gute Mischung der Gene. Der Spruch »den kann ich nicht riechen« bekommt so eine ganz neue Erklärung.

RIECH MAL!

Eine ebenso große Bedeutung haben die Düfte und Gerüche im Garten. Der unangenehme Geruch von Fäulnis etwa signalisiert im wahrsten Sinne: »hier ist etwas faul«. Doch glücklicherweise überwiegen im Garten die angenehmen Düfte: Nach süßem Blütennektar, der die Bienen anlockt, nach aromatischen Kräutern oder würzig nach frisch gemähtem Gras.

Die Anzahl der verschiedenen Düfte ist nirgends größer als im Garten! Kein Wunder, dass fast alle Parfüms aus den Duftessenzen von Pflanzen hergestellt werden. Gehen Sie doch einmal mit geschlossenen Augen durch Ihren Garten und versuchen Sie, die einzelnen Pflanzen nur an ihrem Duft zu erkennen. Bei jedem neuen Duft machen Sie Halt und genießen ihn ein paar Minuten lang. Sie werden staunen, welche Bilder oder Erinnerungen dabei vor Ihren geschlossenen Augen auftauchen!

ALLE VIERE VON SICH STRECKEN!

Ständige körperliche und geistige Höchstleistung führen zum Burn-out-Syndrom. Lassen Sie es nicht so weit kommen! Nehmen Sie sich bewusst eine Auszeit in Ihrem Garten. Stellen Sie Laptop, Telefon, Handy und Türklingel aus – für die nächsten Stunden gehören Sie nur sich selbst und dem Gartengenuss! Ver-

In Knackig-Frisches beißen!

Feiern, dass die Blütenblätter wackeln!

meiden Sie dabei, sich ein Zeitlimit zu setzen, das erzeugt nur unnötigen Druck. Hören Sie auf Ihre innere Stimme – sie weiß genau, was Sie gerade brauchen. Das kann ein entspannendes Fußbad in einer Schüssel mit kaltem Wasser und erfrischender Minze sein. Oder verlangt es Sie nach etwas Bewegung? Wie wäre es mit Gartenarbeit? Hacken, Harken und Gießen pumpt Sauerstoff ins Blut und macht den Kopf frei. Nach getaner Arbeit kühlen Sie sich mit einem kräftigen Wasserstrahl aus dem Gartenschlauch ab. Danach legen Sie sich in einen Liegestuhl und genießen die wärmende Sonne auf der Haut. Wenn der Abend dann noch mit Delikatem vom Grill ausklingt, ist Ihr Akku für die nächste Woche wieder vollgeladen!

GENÜSSLICH NASCHEN

Gleich vier Sinne spricht das Naschen von frischen Gartenfrüchten an: Die Hände fühlen die feuchte, frische Erde und die pralle, Leben strotzende Pflanze beim Herausziehen eines Radieschens aus dem Gartenboden. In der Nase breitet sich eine Mischung aus würzigem Erd- und Wurzelduft aus. Die verlockende Farbmischung aus roter Haut, grünen Blättern und weißem Fleisch signalisiert »abwaschen und reinbeißen«! Und dann stimuliert die milde Schärfe des Rübchens den Gaumen und es breitet sich ein zufriedenes Gefühl aus. Ebenso genussreich kann der Biss in einen frisch gepflückten Apfel oder eine soeben gezogene Karotte sein, die im Gegensatz zu gekaufter Ware im Vollbesitz ihrer Vitamine und Mineralstoffe sind.

GARTENPARTYS FEIERN

Kein Sommer ohne Party im Weekend-Garten! Das ist immer höchster Genuss und Anregung für sämtliche Sinne. Damit Stress keine Chance hat, hier ein paar Tipps zur Organisation eines solchen Events:

➤ Nachbarn. Diese laden Sie am besten gleich mit ein. Dann entstehen Beschwerden über Grillrauch, lautes Lachen oder Musik erst gar nicht.

➤ Kinder. Sie dürfen ihre eigene Party etwas abseits ausrichten. Stellen Sie ihnen einen eigenen Tisch zur Verfügung, den sie selbst dekorieren und decken können.

➤ Einladung. Bei mehr als zehn Gästen empfiehlt sich eine schriftliche Einladung mit Bestätigung der Teilnahme. So wissen Sie, wie viele Speisen und Getränke Sie brauchen.

➤ Dress Code? Eine Gartenparty ist kein Opernball, und Formalitäten gibt es unter der Woche genug. Deshalb lautet das Motto am besten: Jeder kommt so, wie er sich wohl fühlt.

➤ Wegweiser. Ihre Gäste sind dankbar, wenn sie nicht lange suchen müssen und mit der Einladung eine genaue Wegbeschreibung erhalten.

➤ Dekoration. Sie kommt zum großen Teil frisch aus dem Weekend-Garten: z. B. Eiswürfel, in die Beeren, Kräuter und essbare Blüten eingefroren wurden. Durch Dias mit vollen Farbflächen oder Blütenstrukturen, die Sie auf ein Sonnensegel oder die Hecke projizieren, verwandeln Sie den Garten in eine kleine verzauberte Märchenwelt.

August: Relax-Weekend

Der August verwöhnt uns mit langen und meist sonnig-warmen Tagen. Tauschen Sie jetzt Hacke und Schaufel konsequent gegen Liegestuhl und Sonnenbrille – Relax ist das Motto des Monats!

TIPP

Urlaubsvertretung organisieren

Bevor Sie wegfahren, gießen Sie noch einmal alles kräftig und rücken Sie, soweit möglich, Kübel in den Schatten, wo sie nicht so viel Wasser verdunsten.

- Ideal ist es, wenn sich Nachbarn während Ihrer Abwesenheit um den Garten kümmern können. Die haben nur ein paar Schritte, um die Kübel zu gießen oder die Bewässerungsautomatik zu kontrollieren. Außerdem können sie auch noch den Briefkasten leeren.
- Vielleicht kann aber jemand aus dem Freundeskreis, der in der Nähe wohnt, nach Garten und Haus sehen.
- Es gibt auch noch die Möglichkeit, den studentischen Aushilfsdienst in Anspruch zu nehmen.
- Viele Gärtnereien übernehmen gerne die Pflege.
- Eventuell finden Sie auch per Aushang am Schwarzen Brett der nächsten Schule einen Garten-Sitter.

GENUSSVOLLE FAULHEIT

Es wäre wirklich schade, wenn Sie nicht einen Teil des Urlaubs im Weekend-Garten verbringen würden. Was auch immer im Garten getan werden muss – im August kümmern Sie sich nur um das Allernötigste wie die Wasserversorgung. Lassen Sie doch einfach die vollautomatischen Geräte ran (→ Seite 58/59). Natürlich naschen Sie auch, was der Weekend-Garten in diesem Monat so bietet. Alles andere kann bis in den September warten. Zelebrieren Sie genussvolle Faulheit und haben Sie kein schlechtes Gewissen – denn sie fördert den Fortschritt! Faulen Mitmenschen verdanken wir z. B. die Ideen für Geschirrspüler, Klettverschlüsse und Tropfschläuche...

ACHTUNG SONNE!

Suchen Sie sich einen schattigen Sitzplatz im Garten! Vielleicht basteln Sie sich ja aus Paletten eine kuschelige Liegestatt (→ Seite 7). Wenn Sie viel draußen sind, ist es wichtig, sich nicht nur mit Creme vor gefährlichen UV-Strahlen zu schützen. Wenn Schatten spendende Baumkronen fehlen, können Sie ein Sonnensegel spannen. Der Fachhandel bietet verschiedene Ausführungen an. Praktisch sind Modelle mit nur einer mittleren Stützstange und seitlichen Spannseilen. Als einfachen und schnellen Ersatz können Sie auch eine Wäscheleine zwischen zwei Gehölzen spannen und daran ein ausgedientes Laken oder eine Decke befestigen. Es eignet sich auch für Lichtspiele während einer Gartenparty (→ Seite 63).

Unter einem Sonnensegel lässt sich der Garten allein wie zu zweit genießen.

August:
Kindergaudi im Garten

Mit Kindern kommt so richtig Leben in den Garten. Dann wird die Hecke zur Ritterburg, der kleinste Wasserbottich zum stürmischen Ozean und der Apfelbaum zum High-Tech-Raumschiff.

Kinder wollen und sollten sich im Garten so richtig austoben dürfen, mit möglichst wenigen Regeln und Verboten, die den Spaß verderben. Wenn ein Beet Schaden nimmt oder ein Ast im Eifer des Spieles bricht – all das gehört zum spielerischen Lernen ebenso wie aufgeschürfte Knie und zerrissene Hosen.

SPIEL FAST OHNE GRENZEN

Wer es gut mit den Kindern meint, der gibt ihnen die Möglichkeit, eigene Erfahrungen zu sammeln. Sie sollten als unsichtbare Hilfe im Hintergrund bleiben. Das gibt den Kindern die Sicherheit, unbekümmert zu spielen – und wenn es mehrere sind, stören die Erwachsenen ohnehin nur! Alle Gefahren können Sie nicht ausschließen, auf Folgendes sollten Sie aber achten:

➤ **Giftige Pflanzen.** Verzichten Sie auf Arten mit giftigen Teilen wie Eibe (*Taxus baccata*) oder Seidelbast (*Daphne mezereum*) die beim Verzehr tödlich sein können. Informationen über Giftpflanzen erhalten Sie bei Ihrem örtlichen Grünflächen- oder Stadtgartenamt. Haben Sie gefährliche Pflanzen auf Ihrem Grundstück identifiziert, entfernen Sie sie.

➤ **Spielgeräte-Sicherheit.** Achten Sie beim Kauf von Spielgeräten auf die Prüfplaketten »geprüfte Sicherheit« und »TÜV« und wählen Sie zum Alter der Kinder passende Geräte. Unter den Geräten sollte eine »Fallschutzschicht« aus weichem Material liegen, z. B. 30–50 cm Sand. Achten Sie darauf, dass die Kinder beim Spielen keine Kleidung mit den gefährlichen Hals- oder Kapuzenkordeln tragen.

KINDERBEETE

Frühe Verantwortung und den Reiz des Neuen erlernen und erleben Kinder mit einem eigenen Blumen- und Gemüsebeet. Stellen Sie eine Auswahl an Samen, Zwiebeln und Pflanzen zur Verfügung und zeigen Sie den Kleinen den Umgang damit. Danach können Sie die Kinder allein gärtnern lassen. Das gibt ihnen das Gefühl der Verantwortung und erzeugt Stolz. Falls etwas nicht klappt, können Sie immer noch helfend eingreifen. Zu dem Beet erhalten die Kinder natürlich auch ihr Kinderwerkzeug, Handschuhe und Schürzen nebst eigenem Platz zur Aufbewahrung im Schuppen.

KINDLICHE SPIELE

Erwachsenen fällt es manchmal schwer, der kindlichen Fantasie zu folgen. Ein Baum ist kein Baum, sondern der Turm einer Burg, ein Flugzeug … So gut organisierte Spiele und aufwändige Spielgeräte gemeint sind – Kinder fühlen sich erst so richtig wohl in einer Gruppe Gleichaltriger. Eine Einladung an die Freunde reicht, und der Spaß kommt von selbst. Versuchen Sie, die Wünsche der Kinder zu verwirklichen: Bauen Sie eine Seifenlaugenrutsche, füllen Sie Wasserbottiche zum Schiffeversenken oder stellen Sie Regner auf, unter denen im Badeanzug getobt wird. Wenn Sie Spiele mit Gewinnern veranstalten, kleine Prämien nicht vergessen – natürlich erhalten alle Kinder mindestens einen Trostpreis. Wenn dann wieder Ruhe in den Garten einzieht, empfinden Sie diese als doppelten Genuss.

Pflanzen kennen lernen

Was wächst wie und wo? Mit der Digital- oder Sofortbild-Kamera dokumentieren die Kinder interessante Blüten, Blätter und Früchte. Diese bestimmen Sie danach gemeinsam oder legen ein bebildertes Garten-Tagebuch an.

»Schiffe versenken«

Welche blütenbeladenen Schiffchen schwimmen am längsten? Die Kinder falten zuerst unter Anleitung eine bestimmte Anzahl Papierschiffchen und setzen diese in einen Wasserbottich. Danach werden sie vorsichtig mit kleinen Blüten beladen. Gewinner ist, wer in vorgegebener Zeit die meisten Schiffe belädt, ohne dass sie kentern. Wer absichtlich fremde Schiffe versenkt, bekommt zur Strafe eine gefüllte Gießkanne in die Hand gedrückt!

Kinderspaß mit Rutschfolie

Auf einen von allen Steinen und Ästen gereinigten Untergrund auf leicht abschüssigem Gelände wird eine spezielle Rutschfolie oder eine andere kräftige Folie flach ausgelegt. Wasser und Schmierseife verwandeln die Folie in eine Rutschbahn, die die Kinder in Badeanzügen nach Herzenslust benutzen können. Anschließend die Rasselbande mit dem Schlauch oder Regner abspritzen.

Taglilie *(Hemerocallis-Hybride)*

Kapuzinerkresse *(Tropaeolum majus)*

Oleander *(Nerium oleander)*

Storchschnabel *(Geranium sanguineum)*

Schmalblättriger Sommerflieder *(Buddleja alternifolia)*

Bodendeckerrose *(Rosa* ‘Palmengarten Frankfurt’*)*

Hängegeranie *(Pelargonium-Peltatum-*Hybride*)*

Ringelblume *(Calendula officinalis)*

Taglilie

(*Hemerocallis*-Hybride)

Aussehen: Staude von 30–120 cm Höhe mit sternartigen trichterförmigen Blüten in Weiß, Gelb, Orange, Rosa, Rot, Braun, Violett, Schwarzviolett; auch zweifarbig. Die Einzelblüte hält nur einen Tag, dafür öffnen sich aber immer neue Knospen. **Blütezeit:** Mai bis September. **Standort:** Sonne bis Halbschatten, nicht zu trockener Boden. **Pflege:** Im Frühjahr etwas Kompost geben. Bei anhaltender Trockenheit gießen. **Tipps:** Schön im Beet oder am Gewässerrand. Gut zu kombinieren mit Frauenmantel oder Nelkenwurz (*Geum urbanum* oder *G. reptans*).

Oleander

(*Nerium oleander*)

Aussehen: Frostempfindlicher Strauch von bis zu 2,5 m Höhe mit ungefüllten oder gefüllten, teils duftenden Blüten in Weiß, Elfenbein, Gelb, Orange, Lachs, Rosa und Rot. **Blütezeit:** Juni bis Oktober. **Standort:** Sonne; heißer, regengeschützter Platz. **Pflege:** Reichlich gießen und wöchentlich düngen. Wenn Sie ihn überwintern wollen, vor den ersten Frösten in einen hellen und kühlen (5–8 °C) Raum stellen. Im Frühjahr umtopfen. **Tipps:** Auch schön als Hochstämmchen. Die Sorten mit ungefüllten Blüten sind weniger regenempfindlich. Der Strauch ist giftig.

Die Top 8 der

Kapuzinerkresse

(*Tropaeolum majus*)

Aussehen: Einjährige Art, von der es buschige, kriechende und kletternde Sorten gibt. Erstere werden bis 25 cm hoch, die anderen bilden bis 2 m lange Triebe aus. Oft gespornte, einfache, halbgefüllte oder gefüllte, essbare Trichterblüten in Weiß, Gelb, Orange und Rot. Dekorative, schildförmige Blätter. **Blütezeit:** Juli bis Oktober. **Standort:** Sonnige bis halbschattige, warme, windgeschützte Plätze. Sie gedeiht in Beet und Gefäß. **Pflege:** Bei längerer Trockenheit gießen. **Tipps:** Kletternde Sorten ergeben an Kletterhilfen einen guten Sichtschutz.

Storchschnabel

(*Geranium sanguineum* oder *G. cinereum*)

Aussehen: Robuste Staude von 20–40 cm Höhe mit tief geteiltem, dekorativem Laub, das sich im Herbst rot färbt. Weiße, rosarote, blutrote oder violette Blüten, die bei einigen Sorten mit andersfarbigen Adern durchzogen sind. Sehr lange blühend. **Blütezeit:** Mai bis September. **Standort:** Sonne bis Halbschatten, mäßig trockener, kalkhaltiger Boden, verträgt auch Trockenheit. **Pflege:** Keine spezielle Pflege nötig. **Tipps:** Harmoniert gut mit Fetthenne, Glockenblumen und Sonnenröschen (*Helianthemum*-Hybriden). Auch im Steingarten sehr dekorativ.

Schmalblättriger Sommerflieder

(*Buddleja alternifolia*)

Aussehen: Strauch von 2–4 m Höhe mit peitschenförmig herabhängenden Zweigen. Die duftenden, violetten Blütchen bilden dichte Büschel. **Blütezeit:** Juni. **Standort:** Sonnig und warm, auch trockene Böden. **Pflege:** Im Frühjahr vertrocknete Zweige entfernen. Die Art blüht am zweijährigen Holz, deshalb nur zurückhaltend schneiden. Möglichst nicht im Wurzelbreich graben. **Tipps:** Besonders schön und auffallend in Einzelstellung im Rasen, aber auch für Blütenhecken geeignet.

Hängegeranie

(*Pelargonium-Peltatum*-Hybride)

Aussehen: Frostempfindliche Balkonblume mit einfachen, halbgefüllten oder gefüllten Blüten in Weiß, Rosa, Lachsrosa, Rot, Lila; auch zweifarbig. **Blütezeit:** April bis Oktober. **Standort:** Sonne bis Halbschatten. Die Hängegeranie kommt besonders gut in Kästen oder Ampeln zur Geltung. **Pflege:** Bei Trockenheit reichlich gießen, aber Staunässe vermeiden. Bis Ende August wöchentlich düngen. Wenn Sie Pelargonien überwintern wollen: Hell bei etwa 5 °C. **Tipps:** Sie sind auch gut mit stehenden Pelargonien zu kombinieren.

Sommerblüher

Bodendeckerrose

(*Rosa* 'Palmengarten Frankfurt')

Aussehen: Breitwachsendes Gehölz mit teils aufrecht wachsenden, teils bogig niederliegenden Trieben. Es erreicht eine Höhe von bis zu 70 cm und eine Breite von 1 m. Die reichblühende Sorte bildet schalenförmige, gefüllte Blüten in Dunkelrosa. Das dichte Laub nimmt dem Unkraut das Licht weg und hindert es am Wachsen. **Blütezeit:** Mai bis September. **Standort:** Sonnig. **Pflege:** Bei Trockenheit kräftig gießen, dabei aber die Blätter nicht benetzen. **Tipps:** Sieht auch einzeln gepflanzt oder neben Treppenstufen sehr gut aus.

Ringelblume

(*Calendula officinalis*)

Aussehen: Einjährige, buschige, je nach Sorte 20–60 cm hohe Pflanze. Einfache, halbgefüllte oder gefüllte Korbblüten in Gelb oder Orange. **Blütezeit:** Juni bis Oktober. **Standort:** Sonniger Platz, nicht zu feuchte Böden. **Pflege:** Nur mäßig gießen. Verblühtes regelmäßig abschneiden. **Tipps:** Niedrige Sorten eignen sich auch als Einfassung, höhere für bunte Sommerblumenbeete. Sehr haltbare und attraktive Schnittblume und auch gute Trockenblume. Aus den Blütenblättern wird gerne Ringelblumensalbe hergestellt.

AUSKLANG IM HERBST

Langsam wird es ruhiger im Garten. Dafür kommen in diesen Tagen die intensiven **Herbstfarben** besonders schön zur Geltung. Sie können jetzt **Blumenzwiebeln** fürs Frühjahr legen oder noch einige für den Weekend-Garten geeignete Pflanzen setzen. Zum Schluss werden Geräte und empfindliche Pflanzen **eingewintert**.

September:
Indian-Summer-Weekend

Am Morgen liegt jetzt feuchter Tau auf dem Rasen. Die Sonne strahlt mit herbstlichem Kupferschimmer. Sonnige Tage sind zwar noch warm, wer aber bis in den Abend draußen sitzt, greift gerne wieder zum warmen Pullover.

Auch jetzt gibt es wieder viel Verblühtes abzuschneiden, von vielen Sommerblühern wie der Indianernessel (*Monarda*-Hybriden) bis zum zweiten Flor der öfterblühenden Rosen.

➤ **Stauden abschneiden.** Zugegeben, es stimmt schon ein wenig traurig, wenn die kräftigen Blütenfarben der Stauden langsam und endgültig verblassen und absterben. Rücken Sie jetzt die herbstlichen Beete wieder ins rechte Licht und schneiden Sie die abgeblühten Blütenstängel mit einer Gartenschere über dem Boden ab. Wo der Boden um die Pflanzen nicht gemulcht ist, hacken Sie ihn, um ihn zu lockern und aufkeimendes Unkraut gleich zu beseitigen.

➤ **Rosen ausputzen.** Bei den öfterblühenden Arten und Sorten gibt es wieder viel abzuschneiden (→ Seite 56). Der mitunter empfohlene herbstliche Rückschnitt auf ca. 50 cm Höhe ist übrigens ein rein kosmetischer Eingriff, der das Erscheinungsbild des Gartens ordnen soll – also nicht unbedingt notwendig für den Weekend-Gärtner. Der eigentliche Rückschnitt der Rosen, teils bis kurz über dem Boden, erfolgt erst vor dem Austrieb im Frühjahr (→ Seite 34).

➤ **Düngen einstellen.** Ab September darf nicht mehr gedüngt werden, egal, ob Gehölze, Rosen, Stauden oder Rasen. Die Pflanzen müssen jetzt ausreifen, um für den Winter genügend Widerstandskraft zu gewinnen. Wenn sie weiter Dünger bekommen, stehen sie noch »voll im Saft«, wenn die ersten Fröste kommen, und dabei können Schäden entstehen.

➤ **Stauden teilen.** Wenn Sie von einigen besonders robusten Arten mehr Exemplare brauchen, können Sie sie jetzt wie im Frühjahr wieder teilen (→ Seite 42).

➤ **Rasen mähen.** Auch »Musterrasen« sollten vor dem ersten Schnee einmal abgemäht werden, damit das Gras gut über den Winter kommt.

➤ **Blumenzwiebeln pflanzen.** Jetzt beginnt die Pflanzsaison für alle frühjahrsblühenden Zwiebelblumen (→ Seite 76).

➤ **Letzte Schnitte.** Kranke Zweige und Wildtriebe sowie zu stark wuchernde Klettergehölze können Sie jetzt noch schneiden.

PLATZ FÜR KÜBELPFLANZEN SUCHEN

Gut geplant ist schon halb überwintert! In vier bis acht Wochen können die ersten Nachtfröste kommen. Dann sollten die draußen überwinternden Kübelpflanzen ein halbwegs schattiges, windgeschütztes Plätzchen haben, z. B. vor einer Wand. Damit die Wurzelballen nicht durchfrieren, müssen die Gefäße z. B. mit Noppenfolie oder Kokosgewebe umhüllt werden. Oder Sie stellen alle Kübelpflanzen dicht zusammen, rechen das Herbstlaub über die Gefäße und decken mit Reisig ab, damit nicht alles davonfliegt. Wie Sie es auch machen wollen – der Platz und alle nötigen Materialien müssen greifbar sein, sobald die ersten Frostwarnungen kommen. Kübelpflanzen, die nicht winterhart sind, brauchen dann ein helles und kühles Winterquartier im Haus. Wenn Ihnen das zu mühsam ist, können Sie die Pflanzen verschenken oder entsorgen. Viele Gärtnereien bieten auch einen Überwinterungsservice in ihren Gewächshäusern an. Dieser ist aber nicht billig.

HERBSTLICHE DEKORATIONEN

Jetzt gibt es überall pralle Kürbisse in allen Variationen zu kaufen. Vielleicht sind sogar in Ihrem Weekend-Garten welche gewachsen? Daraus lassen sich dekorative Kürbislaternen schnitzen. Sie müssen nicht bis Halloween (31. Oktober) warten, denn im September können Sie die hübschen Gesellen noch mehr genießen. Mit einem langen, gezackten Messer oder einem speziellen Kürbisschnitzer lässt sich ganz leicht eine Kürbislaterne gestalten:

➤ Schneiden Sie um den Stiel des Kürbis herum einen kegelförmigen Deckel aus.

➤ Holen Sie mit einem Löffel das weiche Fruchtfleisch mit den Samenkernen heraus.

➤ Entwerfen Sie Ihr Lieblingsmotiv auf Papier. Das kann z. B. ein Gesicht, ein Tier, eine Hexe, oder Sonne, Mond und Sterne sein.

➤ Befestigen Sie den Entwurf mit Klebeband auf der Oberfläche des Kürbis und übertragen Sie das Motiv durch kleine Nadelstiche auf die Schale.

➤ Entfernen Sie das Papier und ziehen Sie mit einem Filzstift die Konturen des Motivs auf dem Kürbis nach.

➤ Schneiden Sie nun das Motiv aus und glätten Sie vorsichtig die Kanten.

➤ Für die Beleuchtung eignen sich am besten Teelichter. Wenn Sie den Kürbis nicht in der prallen Sonne schmoren lassen und ihn vor Frösten ins Haus holen, wird er viele Wochen attraktiv aussehen.

Kürbislaternen können Sie mit fantasievollen Mustern gestalten.
Zeitbedarf: 30 Min. pro Kürbis

Abgeblühtes muss nach wie vor noch abgeschnitten werden.
Zeitbedarf: 5–10 Min. pro Pflanze

September: Blumenzwiebeln pflanzen

Blumenzwiebeln sind absolut Top für den Weekend-Gärtner: Einmal gepflanzt, vermehren sie sich mit den Jahren von allein. Die goldene Regel der Gartengestaltung besagt zwar »weniger ist mehr«. Zwiebelblumen sind jedoch die berühmte Ausnahme: Denn Tulpen, Narzissen & Co. entfalten ihren farbigen Reiz erst so richtig, wenn sie in großen Gruppen blühen.

VIEL »SPEICHERPLATZ«

Im Gegensatz zu den meisten anderen Pflanzen haben diese Arten keinen Wurzelstock, sondern fleischige Zwiebeln, an deren Boden kranzförmig Wurzeln entspringen. Die Zwiebel dient als Speicher für Nährstoffe und Wasser. Ist der ausreichend gefüllt, danken die Pflanzen das mit prächtigen Blüten. Danach sterben die Blätter langsam ab, und die Nährstoffe wandern in die Zwiebel zurück. Warten Sie deshalb im Frühsommer mit dem Entfernen der Blätter, bis sie vergilbt sind. Die Gewächse ruhen nun, bis sich zur nächsten Blütezeit aus den unterirdischen Speicherorganen wieder Knospen bilden. Die Zwiebeln sollten etwa doppelt so tief in die Erde kommen, wie sie dick sind.

GEFÄSSE BEPFLANZEN

Nehmen Sie den Abschied vom Sommer gelassen und gönnen Sie sich etwas Vorfreude auf das nächste Frühjahr, indem Sie verschiedene Töpfe mit Frühjahrsblühern bepflanzen. Wählen Sie ausreichend hohe Gefäße: Da Zwiebeln keine Staunässe vertragen, sollte auf ihrem Boden für einen guten Wasserabzug eine dünne Schicht aus Kies (Durchmesser 3–5 cm) ausgebreitet werden. Darüber kommt so viel Gartenerde, dass die Zwiebeln in der empfohlenen Tiefe gepflanzt werden können. Oben sollte ein Gießrand von etwa 2 cm frei bleiben. Wenn Sie die Zwiebeln eingelegt und die restliche Erde aufgefüllt haben, drücken Sie sie sanft an und gießen Sie die Gefäße mit feiner Brause.

IN BEET UND RABATTE SETZEN

Kombinieren Sie Frühjahrsblüher im Beet mit Stauden: Wenn das Laub der Zwiebelblumen abstirbt, beginnen die Stauden gerade auszutreiben und verdecken den unschönen Anblick.

➤ Für die Pflanzung heben Sie ein Loch aus, das der empfohlenen Pflanztiefe der Zwiebeln entspricht. Bei nassen Böden erhält der Boden des Pflanzlochs eine Drainageschicht aus grobem Sand, Splitt oder Tonscherben. Bei nährstoffarmen Böden mischen Sie unter die ausgehobene Erde zusätzlich Kompost.

➤ Legen Sie die Zwiebeln auf das Sandbett und füllen Sie auch etwas Sand in die Zwischenräume.

➤ Zum Schluss füllen Sie das Loch wieder mit ausgehobenem Boden, drücken alles etwas an und gießen die Pflanzstelle.

IN RASENFLÄCHEN PFLANZEN

Zu den faszinierendsten Fähigkeiten der Zwiebelgewächse gehört es, dass sie eine Rasenfläche im Frühjahr in einen bunten Teppich verwandeln können und dann den Rest des Jahres unsichtbar darunter verborgen schlummern.

➤ Nach der klassischen Methode (→ Seite 36) stechen Sie mit dem Spaten im Rasen eine rechteckige Fläche ab. Fahren Sie dann mit dem Spatenblatt flach unter die Wurzeln der Gräser und klappen Sie so das abgestochene Rasenstück zur Seite.

➤ Den Boden darunter lockern Sie mit einer Grabegabel und mischen einen organischen Dünger unter. Nasse Böden erhalten wie oben beschrieben eine Drainageschicht.

➤ Setzen Sie die Zwiebeln in der empfohlenen Pflanztiefe und ausreichendem Abstand auf die vorbereitete Fläche und klappen Sie das Rasenstück wieder darüber. Andrücken, gießen, fertig!

Zwiebeln können Sie aber auch bequem mit einem Zwiebelpflanzer setzen. Er besteht aus einem metallischen Hohlzylinder, der sich nach unten etwas verjüngt (→ rechts).

▲ Pflanzloch ausstechen
Stecken Sie einfach den Zwiebelpflanzer bis zur gewünschten Tiefe in den Boden und ziehen Sie ihn wieder heraus. Im Metallzylinder bleibt dann die ausgestochene Erde stecken.

▲▲ Blumenzwiebel setzen
Geben sie eine Handvoll Sand ins Loch und legen Sie einige Zwiebeln im empfohlenen Abstand hinein.

▲ Loch wieder schließen
Bei einfachen Modellen stellen Sie nun den Metallzylinder auf den Kopf, holen den Erdkern heraus und setzen ihn wieder richtig herum ins das Pflanzloch. Bei komfortableren führen Sie den Zwiebelpflanzer wieder ins Loch ein und entlassen die Erde durch einen Druck auf den Griff.
Zeitbedarf: 3 Min. pro Zwiebelloch

TIPP

»Chaostheorie« nutzen

Romantiker und Freunde von natürlichen Gartenbildern pflanzen Zwiebeln nach dem Zufallsprinzip:

- Füllen Sie die Zwiebeln in einen Korb, der bequem unter dem Arm zu tragen ist.
- Laufen Sie im Zickzack über die zu bepflanzende Fläche, füllen Sie dabei Ihre Hand immer wieder locker mit Zwiebeln und werfen Sie sie einfach in die Luft.
- Dort, wo die Zwiebeln zufällig hingefallen sind, werden sie auch gepflanzt. Sie wachsen dann ganz natürlich.
- Für diese Form der Pflanzung eignen sich besonders Arten mit Wildcharakter wie der Elfenkrokus (*Crocus tommasinianus*), die sich auch gern selbst ausbreiten.
- Harmonisch und beruhigend wirken Flächen, die nur mit einer einzigen Art bepflanzt wurden.

Oktober: Good-bye-Weekend

Kurze Tage, Regen und Nebel, in den Ecken fängt sich der Wind und häuft Berge von Laub und Zweigen an: Der Herbst ist da! Es wird Zeit, dem Garten für dieses Jahr »good bye« zu sagen.

Mit Rindenmulch können Sie zwischen Gehölzen mulchen.
◷ **Zeitbedarf:** 15 Min. pro Pflanze

Das Laub rieselt leise von den Bäumen. Bald überziehen die ersten Fröste die Pflanzen mit einer weißen Reifschicht. Bis dahin muss der Garten gewappnet sein gegen böigen Wind, beißende Kälte und intensive Wintersonne. Bevor Sie alles warm einpacken, können Sie noch Gehölze (→ Seite 82) und die letzten Blumenzwiebeln (→ Seite 76) pflanzen. Rechen Sie mit einem Fächerbesen das Laub zusammen. Zum Sammeln eignen sich große Müllbeutel. Laubhaufen sollten Sie nur an windgeschützten Stellen anlegen. Sonst wirbelt der nächste Sturm alles davon, und die Arbeit beginnt von vorne.

WINTERSCHUTZ

➤ **Beete:** Die hier empfohlenen Stauden und Gehölze außer Rosen brauchen keinen speziellen Winterschutz. Sie können Beete aber mit dem Herbstlaub mulchen. Schneiden Sie vorher die verblühten Stauden ab – einjährige Arten können Sie gleich ganz herausziehen – und decken Sie die Zwischenräume mit dem Laub zu. Damit der Wind es nicht davonbläst, gießen Sie es und legen Reisigzweige darüber.

➤ **Rosen:** Rosen werden jetzt mit Erde angehäufelt, Beetrosen mit Reisig abgedeckt. Bei Kletterrosen und Rosenbögen zumindest die Basis mit Zweigen umstecken. Die Kronen von Hochstämmchen werden mit Sackleinen umwickelt.

➤ **Gefäße:** Auch bei winterharten Arten brauchen die Wurzelballen einen Schutz, wenn sie in Gefäßen gezogen werden (→ Seite 74). Container, die draußen bleiben, müssen natürlich selbst frostfest sein. Als Schutz vor Austrocknung sollten die Kübel ein nicht zu sonniges, windgeschütztes Plätzchen bekommen, z. B. vor einer Wand. Damit die Wurzelballen nicht durchfrieren, können Sie die leichteren Gefäße auf eine isolierende Unterlage (Holzpalette, Styropor) stellen. Immer werden die Kübel mit Noppenfolie oder Kokosgewebe warm umhüllt. Als »faule« Alternative stellen Sie alle Pflanzen dicht zusammen, rechen Herbstlaub über die Gefäße und decken mit Reisig ab. Nach dem Transport und vor dem Einpacken sollten Sie übrigens die Erde noch einmal gießen, aber überschüssiges Wasser wieder gut ablaufen lassen. Wichtig: Immergrüne Arten müssen Sie auch im Winter immer wieder wässern, sobald der Boden frostfrei ist.

MÖBEL UND GERÄTE VERSTAUEN

Ab Mitte Oktober kann man kaum noch draußen sitzen. Jetzt wird es Zeit, Gartenmöbel und Geräte in Sicherheit zu bringen. Reinigen Sie an einem trockenen, sonnigen Tag alles mit warmem Wasser und lassen Sie es an der Luft trocknen. Möbel und Geräte kommen – erstere am besten gut abgedeckt – in die Garage, den Schuppen oder den Keller.

WASSERLEITUNGEN ENTLEEREN

Gefrierendes Wasser dehnt sich mit enormer Kraft aus. Es sprengt mühelos sogar erdverlegte Wasserleitungen, wenn sie weniger als 80 cm tief liegen. Also gilt es, aus allen gefährdeten Leitungen und Behältern das Wasser abzulassen. Fest verlegte Rohrsysteme haben dafür kleine Ventile an ihrem tiefsten Punkt. Der befindet sich normalerweise im Hauskeller oder in einem eigens dafür gemauerten Schacht. Vergessen Sie nicht, vor dem Öffnen des Auslaufs einen Eimer unterzustellen, damit es keine Überschwemmung gibt.

Kübel, die draußen überwintern, werden warm eingepackt.

Zeitbedarf: 10 Min. pro Gefäß

Sichtschutz: Gemischte frei wachsende Hecke

Blütenschmuck der Weigelie

Gehölze – Gerüst des Gartens

Gehölze geben dem Garten einen dauerhaften Rahmen. Wir freuen uns an ihrem Wuchs, ihren Blättern, Blüten und Früchten. Vor allem können erst durch den Schutz von Gehölzen ruhige, ungestörte Räume im Garten entstehen, die der Weekend-Gärtner zur Erholung braucht.

Gehölze sind ausdauernde Gewächse mit einem verholzenden Gerüst. Je nach Wuchs und Belaubung werden unterschieden:

➤ **Bäume:** Sie haben einen kräftigen Stamm, auf dem die Krone mit ihren belaubten Zweigen sitzt. Für moderne oder kleinere Gärten kommen eher schwachwüchsige Formen wie der Zierapfel (*Malus*-Hybride) mit Höhen von 2–4 m in Frage.

➤ **Sträucher:** Sie haben mehrere Haupttriebe, die bereits direkt über dem Boden Laub tragen. Sie wachsen senkrecht oder leicht überhängend. Besonders schön blühen Schneespiere (*Spiraea* x *arguta*) und Zaubernuss (*Hamamelis* x *intermedia*).

➤ **Klettergehölze:** Sie wachsen kriechend, kletternd oder herabhängend und bilden keine standfesten Triebe wie Geißblatt (*Lonicera caprifolium*) oder Efeu.

➤ **Sommergrüne Gehölze:** Sie tragen ihre Laubblätter nur vom Frühjahr bis in den Herbst, dann verfärben sie sich und fallen ab. Was im Winter bleibt, ist das oft recht attraktive Holzgerüst. Viele haben auch eine interessante oder auffallend gefärbte Rinde, wie der Federbuschstrauch (*Fothergilla major*) und der Rote Hartriegel (*Cornus sanguinea*).

➤ **Immergrüne Laubgehölze:** Sie behalten ihre robusten Blätter das ganze Jahr und sorgen auch im Winter für grüne Farbtupfer. Und: Für den Weekend-Gärtner fällt kein Laub zum Fegen an. Zu ihnen gehören neben Buchs und Efeu z. B. Feuerdorn (*Pyracantha coccinea*), Lorbeerkirsche (*Prunus laurocerasus*) oder die Stechpalme (*Ilex aquifolium*).

➤ **Immergrüne Nadelgehölze:** Sie tragen ihre Nadeln ebenfalls das ganze Jahr über attraktiv zur Schau, z. B. die Bergkiefer (*Pinus mugo*). Zu dicht gepflanzte Koniferen lassen oft Nadeln fallen und verkahlen von unten. Außerdem treiben sie nicht mehr aus, wenn Sie bis ins alte Holz zurückschneiden.

Solitär: Witzig in Form geschnittener Buchs

Dekorative Hagebutten-Früchte

FUNKTIONEN IM GARTEN

Mit ihrem Formenreichtum und ihrer Pflegeleichtigkeit besetzen die Gehölze unangefochten die »pole position« der Pflanzen im Garten. Sie bestimmen sein räumliches Bild, können das Grundstück nach außen hin abgrenzen, den Garten in einzelne Bereiche unterteilen, dem Sitzplatz Schatten spenden und Akzente in Beeten setzen. Oft erfüllen Sie mehrere Funktionen gleichzeitig (→ Einfriedungen, Seite 18).

FREIE UND GEFORMTE HECKEN

Wenn Sie eine Hecke pflanzen, beachten Sie die vorgeschriebenen Grenzabstände. Oder Sie einigen sich mit dem Nachbarn, setzen eine Hecke genau auf die Grenze und teilen sich die Kosten. Es gibt grundsätzlich zwei Arten von Hecken:

➤ **Frei wachsende Blütenhecke:** Sie besteht aus einer Mischung blühender Sträucher (s. u.), die nebeneinander gepflanzt werden. Natürlich können Sie einige immergrüne Arten dazwischen setzen, die auch im Winter Sichtschutz bieten. Die Blütenhecke wird etwa 2,5 m breit und 3–4 m hoch und ist sehr pflegeleicht. Sie muss nur alle paar Jahre etwas ausgelichtet werden.

➤ **Formhecke:** Sie besteht aus nur einer schnittverträglichen Art, die einzelnen Pflanzen werden dicht nebeneinander gesetzt. Dies kann ein laubabwerfendes Gehölz sein wie die Hainbuche (*Carpinus betulus*) oder immergrüne Arten wie der Buchs (*Buxus sempervirens*). Man schneidet eine Formhecke einmal im Jahr (→ Seite 56), und sie braucht mit 1,5 bis 2 m etwas weniger Platz (→ Seite 18).

SOLITÄRE SCHMUCKSTÜCKE

Solitärs sind einzeln stehende Bäume oder Sträucher, die besondere Akzente setzen. In einer Rasenfläche können das z. B. eine Lorbeerkirsche (*Prunus laurocerasus*) oder ein Perückenstrauch (*Cotinus coggygria*) sein. Auf der Terrasse sitzt man gerne im Schatten eines Zierapfels (*Malus*-Hybride) oder eines duftenden Flieders (*Syringa-Vulgaris*-Hybride). Im Staudenbeet geben Buchs (*Buxus sempervirens*) oder Bergkiefer (*Pinus mugo*) den Ton an. Als Immergrüne setzen Sie sogar noch im Winter Akzente im Garten. Solitärs können auch in Form geschnitten werden, z. B. als Buchskugel oder Eibenkegel, und sind so besonders dekorativ. Sie gedeihen auch im Kübel, zieren vor allem Eingangsbereiche oder sind Schmuckstücke im Beet.

BLÜTEN, BLÄTTER UND FRÜCHTE

Auch pflegeleichte Ziergehölze können attraktive Blüten bilden wie der Flieder (*Syringa*-Arten) und die Rosen (*Rosa*-Arten). Im Herbst kommen dann noch intensiv gefärbte Blätter hinzu wie die der Felsenbirne (*Amelanchier*-Arten) oder des Perückenstrauchs (*Cotinus coggygria*). Mit auffallenden Früchten schmücken sich z. B. die essbare Kornelkirsche (*Cornus mas*), das giftige Pfaffenhütchen (*Euonymus europaeus*) und viele Wildrosen (*Rosa*-Arten). Die dekorativen und vitaminreichen Hagebutten lassen sich übrigens auch zu aromatischen Brotaufstrichen verarbeiten. Alle diese Arten können einzeln stehend, in kleinen Gruppen oder als freie Hecke gezogen werden.

Oktober: Gehölze gekonnt einpflanzen

Wenn die Herbstwinde durch den Garten fegen, ist wieder die Pflanzzeit für Gehölze gekommen. Wählen Sie wie immer Arten und Sorten, die mit den Bedingungen an dem gewählten Standort gut zurechtkommen (→ Seite 12). Achten Sie dann beim Kauf darauf, dass die Pflanzen kräftig verzweigt sind, gut ausgeprägte Wurzeln haben und auch keine Verletzungen, Krankheiten oder Schädlinge aufweisen. Gehölze werden mit nackten Wurzeln, in Tuch gewickelten Ballen oder in Kunststoffgefäßen (Container) angeboten.

KLEINES GESTALTUNGS-1x1

Gehölze können Sie als Solitär (→ Seite 81), Hecke (→ Seite 18, 81) oder in lockeren Gruppen pflanzen. Wählen Sie bei letzteren als Mittelpunkt ein etwas höheres Gehölz, das dann von niedrigeren Begleitern umringt wird. Spannung entsteht, wenn Sie mit verschiedenen Wuchsformen spielen, z. B. aufrecht wachsende Arten wie die Bergkiefer (*Pinus mugo*) mit überhängenden wie dem Schmalblättrigen Sommerflieder (*Buddleja alternifolia*) kombineren. Immergrüne passen natürlich auch in Gruppen von laubabwerfenden Arten. Sie halten sich zwar im Sommer zurück, dominieren aber das Erscheinungsbild im Winter. Reizvoll wirken auch unterschiedliche Blattformen und -farben, z. B. lanzettliche Blätter neben runden und dunkelgrüne neben silbrigen. Seien Sie aber vorsichtig mit buntblättrigen Sorten, also solchen, die bereits nach dem Austrieb in gelben oder roten Farben prangen oder zweifarbige Blätter ausbilden. Ein einziges Exemplar mag noch schön sein, mehrere wirken jedoch schnell aufdringlich. Vergessen Sie dabei nicht die bodendeckenden Gehölze wie Efeu (*Hedera helix*), die als Unterpflanzung das Unkraut unterdrücken. Sie können auch im Beet verwendet werden (→ Seite 12), eignen sich an manchen Stellen auch gut als Rasen-Ersatz und können Böschungen festigen.

DIE PFLANZUNG VORBEREITEN

Den Boden lockern und verbessern Sie genauso wie bei der Anlage von Beeten (→ Seite 36) beschrieben. Spätestens bevor Sie Pflanzlöcher ausheben, sollten Sie sich über den richtigen Pflanzabstand informieren. Die meisten Gehölze legen jedes Jahr kräftig zu. So kann eine zu dichte Pflanzung schon bald zu Problemen führen. Schließlich müssen Sie vielleicht sogar Pflanzen wieder herausnehmen. Das kostet Zeit, Geld und nervt. Nehmen Sie daher lieber in Kauf, dass z. B. eine im richtigen Abstand gepflanzte Hecke in den ersten drei Jahren etwas schütter aussieht. Allgemein rechnet man als Pflanzabstand mindestens die zu erwartende Pflanzenbreite. Sträucher mit einer Endbreite von 2 m werden z. B. im Abstand von 2–2,5 m gepflanzt. Beachten Sie auch die Abstände zu Häusern und Grundstücksgrenzen. Die Gehölze sollten in Zukunft keine Fenster verdecken und müssen gemäß den jeweiligen kommunalen Vorschriften (in Ihrer Gemeinde zu erfragen) je nach Höhe bestimmte Abstände zu Grenzen haben. Halten Sie zu allen unterirdischen Leitungen (Informationen darüber bekommen Sie ebenfalls bei Ihrer Gemeinde) einen Abstand von 2–3 m ein.

Gehölze mit nackten Wurzeln oder Wurzelballen aus dem Container werden wie rechts beschrieben gepflanzt.

➤ **Ballen:** Koniferen oder Bäume werden oft mit einem in Tuch eingeschlagenen Ballen geliefert. Es wird beim Einsetzen geöffnet, sobald das Gehölz im Pflanzloch steht.

➤ **Baumpfahl:** Höhere Gehölze brauchen in windigen Lagen nach dem Einsetzen Halt durch einen Pfahl. Er soll bis zum Kronenansatz reichen und wird immer zusammen mit dem Gehölz eingesetzt, da die Wurzeln verletzt werden können, wenn Sie ihn nachträglich einschlagen.

➤ **Klettergehölze:** Sie kommen nicht gerade, sondern schräg zur Kletterhilfe geneigt in die Erde.

Pflanzung vorbereiten

Stellen Sie vor der Pflanzung die Wurzeln für mindestens eine Stunde in einen Eimer mit Wasser. Beschädigte oder überlange Wurzeln werden mit der Gartenschere gekürzt. Sie sollten aber dann auch die oberirdischen Zweige proportional dazu etwas kürzen.

Messen Sie mit einem Zollstock die empfohlenen Pflanzabstände aus. Angaben finden Sie in Artenbeschreibungen und auf dem Etikett. Markieren Sie die Stellen für die Pflanzlöcher mit Holzpflöcken im Boden. Heben Sie nun jedes Loch ausreichend tief aus. Egal, ob mit Ballen oder nackten Wurzeln: Das Gehölz soll genauso tief in die Erde kommen, wie es bisher in der Baumschule gestanden hat.

Boden einfüllen

Stellen Sie das Gehölz gerade in das Pflanzloch. Füllen Sie die ausgehobene und dann mit Kompost oder organischem Dünger durchmischte Erde lagenweise in das Loch. Nach jeder Lage rütteln Sie den Strauch, damit die Erde zwischen die Wurzeln rutschen kann.

Festtreten

Anschließend treten Sie den Boden mit den Füßen fest. Machen Sie das mit Gefühl, damit dabei keine Wurzeln einknicken. Vorher, solange die Erde noch locker ist, vergewissern Sie sich, dass die Pflanze gerade steht – noch können Sie korrigieren.

Gießrand anlegen

Formen Sie nun um das Gehölz einen etwa 5–10 cm hohen Erdwall. Füllen Sie unmittelbar nach dem Pflanzen mit dem Gartenschlauch so viel Wasser in den Gießrand, dass eine Schlammmasse entsteht. Je nach Witterung wässern Sie in den nächsten Tagen ein- bis zweimal täglich.

Zeitbedarf: 15–25 Min. pro Pflanze

Wilder Wein *(Parthenocissus tricuspidata* 'Veitchii'*)*

Zierapfel *(Malus*-Hybride*)*

Feuerdorn *(Pyracantha*-Hybride*)*

Kupfer-Felsenbirne *(Amelanchier canadensis* oder *A. lamarckii)*

Kissenaster (*Aster-Dumosus*-Hybride)

Pfaffenhütchen (*Euonymus europaeus*)

Lampionblume (*Physalis alkekengi*)

Sedum (*Sedum*-Hybride 'Matrona')

Wilder Wein

(*Parthenocissus tricuspidata* 'Veitchii')

Aussehen: Sommergrüne, selbstklimmende Kletterpflanze, die 8–10 m hoch werden kann. Die herzförmigen und zum Teil dreispitzigen Blätter verfärben sich im Herbst in feurige Rot- und Orangetöne. **Blütezeit:** Juni bis Juli. **Standort:** Sonne bis Halbschatten. Der Wilde Wein gedeiht auch noch im Schatten, bildet dann aber nicht so prächtige Herbstfarben. **Pflege:** Kletterhilfe geben, Triebe bei Bedarf kürzen, nicht in die Dachrinne wachsen lassen. **Tipps:** Er ist ein dekorativer Sicht- und Windschutz.

Feuerdorn

(*Pyracantha*-Hybride)

Aussehen: Buschiger Strauch, der 1–3 m hoch wird. Die Triebe sind mit Dornen bewehrt. Bildet weiße, streng duftende Blütendolden und ab September giftige, gelbe bis orangefarbene, beerenartige Früchte. **Blütezeit:** Mai bis Juni. **Standort:** Sonne bis Halbschatten, verträgt auch Trockenheit. Der Boden soll nicht zu sauer sein. **Pflege:** Feuerdorn muss nicht, kann jedoch nach Belieben geschnitten werden. **Tipps:** Sieht einzeln, aber auch in Gruppen gut aus. Er eignet sich auch für dichte, nahezu undurchdringliche Dornenhecken.

Die Top 8 der

Zierapfel

(*Malus*-Hybride)

Aussehen: Je nach Sorte 3–5 m hoher Baum mit weißen, rosaroten, purpurnen oder dunkelroten Blüten. Ab August kleine Apfelfrüchte, je nach Sorte grün, gelb, orange oder rot. **Blütezeit:** Mai. **Standort:** Sonnig, nicht zu sandiger Boden. **Pflege:** Jährlich Kompost geben. Alte, dichte Baumkronen gelegentlich auslichten. Wildtriebe, die an der Basis erscheinen, am Ansatz abschneiden. **Tipps:** Attraktiver Solitär, sieht aber auch in kleiner Gruppe gut aus. Kleinwüchsige Sorten eignen sich für große Kübel.

Kupfer-Felsenbirne

(*Amelanchier canadensis* oder *A. lamarckii*)

Aussehen: Sommergrüner Strauch, der bis 6 m hoch wird. Seine weißen, duftenden Blütentrauben sind eine gute Bienenweide. Die essbaren, purpurroten Früchte erscheinen bereits im Juli. **Blütezeit:** April bis Mai. **Standort:** Sonne bis Halbschatten, verträgt vorübergehend Trockenheit wie Nässe. **Pflege:** Ältere Sträucher können vorsichtig ausgelichtet werden. **Tipps:** Auch für Hecken und Kübel geeignet. Apart wirken Kombinationen mit gleichzeitig blühenden Blausternen (*Scilla*-Arten) oder Traubenhyazinthen (*Muscari*-Arten).

Kissenaster

(*Aster-Dumosus*-Hybride)

Aussehen: Je nach Sorte 20–50 cm hohe Polsterstaude mit lanzettlichen Blättern und einer Fülle von strahlenförmigen Blüten in Weiß, Rosa, Rot, Blau; auch gefüllt. **Blütezeit:** August bis Oktober. **Standort:** Sonne bis Halbschatten, nährstoffreicher, nicht zu trockener Boden. **Pflege:** Im Frühjahr Kompost geben, an heißen Sommertagen wässern. **Tipps:** Schön sehen Gruppen verschiedenfarbiger Sorten aus. Niedrige Formen ergeben attraktive Beeteinfassungen. Kissenastern lassen sich auch apart mit Ziergräsern kombinieren.

Lampionblume

(*Physalis alkekengi* var. *franchetii*)

Aussehen: Bis 1 m hohe, buschige Pflanze mit eiförmigen Blättern und kleinen, weißlichen Blüten. Bildet ab September bis 7 cm lange orangefarbene Lampions, in denen kugelige Beeren sitzen. **Blütezeit:** August. **Standort:** Sonne; leicht feuchter, kalkhaltiger Boden. **Pflege:** Sie wuchert an günstigen Plätzen gerne, deshalb an Stellen pflanzen, wo sie sich getrost »austoben« kann. Oder ihren Ausbreitungstrieb durch senkrecht in den Boden gesteckte Platten bremsen. **Tipps:** Die Lampions lassen sich für die Vase trocknen, ein attraktiver Winterschmuck.

Herbstpflanzen

Pfaffenhütchen

(*Euonymus europaeus*)

Aussehen: 2–3 m hoher robuster und aufrecht wachsender Strauch. Blüten gelbgrün, ab August bilden sich karminrote, giftige, fleischige Kapselfrüchte mit orangefarbenen Samen. **Blütezeit:** Mai bis Juni. **Standort:** Sonne bis Halbschatten, gedeiht auch noch im Schatten, die Herbstfärbung ist dann aber weniger intensiv. **Pflege:** Gelegentlich mit Kompost versorgen. Wächst am schönsten ohne Schnitt. **Tipps:** Schön als Solitärgehölz wie in Gruppen. Die Sorte 'Red Cascade' bildet rosafarbene Früchte.

Sedum

(*Sedum*-Hybride 'Matrona')

Aussehen: 60 cm hohes Dickblattgewächs mit rötlichen, blaugrau schimmernden Blättern und auffallenden rosaroten Blütenschirmen. **Blütezeit:** August bis Oktober. **Standort:** Sonne bis Halbschatten, verträgt auch heiße Stellen mit voller Sonne und trockenem Boden. **Pflege:** Die standfeste Sorte muss nicht aufgebunden werden. Die Samenstände wirken auch im Winter dekorativ und müssen erst im Frühjahr abgeschnitten werden. **Tipps:** Die Sorte ist auch für größere Kästen und Kübel sehr gut geeignet.

Take-it-Easy-Pflanzen:
Ein- und Zweijährige, Stauden

EIN- UND ZWEIJÄHRIGE

Name	Licht	Blütezeit Farbe	Höhe Wuchs	Lebens- dauer	Pflege-Basics	Verwendungstipps
Bartnelke (*Dianthus barbatus*)	Sonne	Juli–Okt. weiß, rosa, rot	20–70 cm aufrecht	einjährig, zweijährig	in rauen Lagen im Winter abdecken; mäßig gießen	in Gruppen für Beete; gute Schnittblume
Bechermalve (*Lavatera trimestris*)	Sonne	Juli–Okt. weiß, rosa, karmin	40–120 cm buschig	einjährig	bei Trockenheit gießen; Verblühtes entfernen	attraktiv für Beete, einzeln oder in Gruppe
Jungfer im Grünen (*Nigella damascena*)	Sonne	Juni–Sept. weiß, rosa, blau	40–70 cm aufrecht	einjährig	gedeiht ohne besondere Pflege; sät sich selbst aus	in Gruppen für Beete; gute Schnittblume
Löwenmäulchen (*Antirrhinum majus*)	Sonne, Halbschatten	Mai–Nov. weiß, gelb, rosa, rot	15–90 cm aufrecht	einjährig	Verblühtes abschneiden, keine Samen bilden lassen	hohe Sorten für Beete, niedrige auch für Gefäße
Nachtviole (*Hesperis matronalis*)	Halbschatten, Schatten	Mai–Juni hellrosa, violett	50–100 cm aufrecht	zweijährig	liebt Kalk im Boden und nicht zu nasse Standorte	für schattige Beete; duftet abends intensiv
Schmuckkörbchen (*Cosmos bipinnatus*)	Sonne	Juli–Okt. weiß, rosa, rot	90–120 cm buschig	einjährig	etwas Kompost geben; Verblühtes entfernen	einzeln oder gemischt für Beete; gute Schnittblume
Stockrose (*Alcea rosea*)	Sonne	Juli–Sept. weiß, gelb, rosa, rot	1–2 m aufrecht	zweijährig	mulchen, bei Trockenheit gießen, Triebe anbinden	ideal für Plätze an der Wand oder dem Zaun
Studentenblume (*Tagetes-Erecta*-Hybride)	Sonne	Mai–Okt. gelb, orange, braun	15–120 cm aufrecht	einjährig	regelmäßig gießen; Verblühtes entfernen	hohe Sorten für Beete, niedrige auch für Gefäße

STAUDEN

Name	Licht	Blütezeit Farbe	Höhe Wuchs	Lebens- dauer	Pflege-Basics	Verwendungstipps
Bergenie (*Bergenia*-Hybriden)	Sonne, Schatten	März–Mai weiß, rosa, rot	30–50 cm flächig	mehrjährig	sie gedeiht am besten, wenn man sie in Ruhe lässt	als Bodendecker unter Gehölzen, in Beeten
Frauenmantel (*Alchemilla mollis*)	Sonne	Juni–Juli gelb, grüngelb	20–60 cm kugelig	mehrjährig	nach der Blüte Rückschnitt; Nachblüte im Sept.	als Bodendecker unter Gehölzen, in Beeten
Herbstanemone (*Anemone hupehensis*)	Halbschatten, Schatten	Aug.–Okt. weiß, rosa, rot	80–100 cm buschig	mehrjährig	bei Trockenheit gießen; jung vor Frost schützen	am Gehölzrand, vor Mauern, in Beeten
Indianernessel (*Monarda*-Hybriden)	Sonne, Halbschatten	Juni–Sept., weiß, rosa, rot, violett	80–140 cm aufrecht	mehrjährig	bei Trockenheit gießen; im Herbst zurückschneiden	am sonnigen Gehölzrand und in Beeten
Katzenminze (*Nepeta* x *faassenii*)	Sonne	Mai–Sept. lavendelblau	20–50 cm Polster	mehrjährig	nach der Blüte um die Hälfte zurückschneiden	als Unterpflanzung von Rosen, für Beete
Kaukasus-Vergissmeinnicht (*Brunnera macrophylla*)	Sonne, Halbschatten	März–Mai leuchtend blau	25–60 cm flächig	mehrjährig	neigt zu Selbstaussaat, Samen abschneiden	am sonnigen Gehölzrand und an Gewässern
Sommersalbei (*Salvia nemorosa*)	Sonne	Mai–Sept. violettblau	40–80 cm aufrecht	mehrjährig	nach der Blüte total zurückschneiden	für sonnige Beete und Böschungen
Sonnenhut (*Rudbeckia sullivantii*)	Sonne	Juli–Sept. goldgelb	50–200 cm buschig	mehrjährig	bei Trockenheit gießen; Verblühtes abschneiden	für sonnige Beete; gut haltbare Schnittblume

Sonne · Halbschatten · Schatten · einjährig · zweijährig · mehrjährig · Giftpflanze

Problemlose Balkon- und Kübelpflanzen

BALKONBLUMEN

Name	Kurz-info	Blütezeit Farbe	Höhe Wuchs	Lebens-dauer	Pflege-Basics	Verwendungstipps
Eisenkraut (*Verbena*-Hybriden)	☼	Juni–Okt. weiß, rosa, rot, lila	15–30 cm variabel	[12]	Verblühtes entfernen; gut gießen, etwas düngen	aufrechte und hängende Sorten, gut kombinierbar
Fleißiges Lieschen (*Impatiens*-Hybriden)	☼ ●	Juni–Okt. weiß, rosa, rot, lila	20–25 cm buschig	[12]	ab und zu stutzen; gut gießen, etwas düngen	sehr attraktiv im Gefäß als Farbmischung
Blaues Gänseblümchen (*Felicia amelloides*)	☼	Mai–Okt. blau	20–60 cm buschig	[12][12]	mäßig gießen und düngen; frostfrei überwintern	schön mit gelben oder dunkelblauen Arten
Gelbes Gänseblümchen (*Thymophylla tenuiloba*)	☼	Juli–Okt. goldgelb	10–15 breit	[12]	mäßig gießen und düngen; Verblühtes entfernen	schön für Ampeln und Balkonkästen
Harfenstrauch (*Plectranthus coleoides*)	☼ ◑	Aug.–Okt. Blatt grün-weiß	bis 1 m hängend	[12][12]	mäßig gießen und düngen; frostfrei überwintern	zum Auflockern von bunten Bepflanzungen
Kissenprimeln (*Primula-Vulgaris*-Hybr.)	◑	Febr.–Mai alle Farben, a. 2farbig	5–10 aufrecht	[12][12]	gleichmäßig feucht halten, nie austrocknen lassen	Frühjahrsbepflanzung für Kästen und Schalen
Petunie (*Petunia*-Hybriden)	☠ ☼ ◑	Mai–Sept. alle Farben, a. 2farbig	20–30 cm variabel	[12]	gut gießen, mäßig düngen; Verblühtes entfernen	aufrechte und hängende Sorten, gut kombinierbar
Sommernelke (*Dianthus-Chinensis*-Hybr.)	☼	Juni–Sept. weiß, rosa, rot, lila	20–30 cm buschig	[12]	mäßig gießen und düngen; Verblühtes entfernen	weißgerandete Sorten mit einfarbigen mischen

KÜBELPFLANZEN

Name	Kurz-info	Blütezeit Farbe	Höhe Wuchs	Lebens-dauer	Pflege-Basics	Verwendungstipps
Bergfeige (*Ficus carica*)	☼	Frühjahr, Herbst grün	bis 2,5 m aufrecht	[12][12]	gut gießen, etwas düngen; vor starkem Frost schützen	dekorative Blattpflanze mit essbaren Früchten
Brautmyrte (*Myrtus communis*)	☼ ◑	Juni–Okt. weiß	bis 1,5 m buschig	[12][12]	gleichmäßig feucht halten; frostfrei überwintern	dekorativ im Kübel, auch als Hochstämmchen
Engelstrompete (*Brugmansia*-Arten)	☠ ☼ ◑	Juli–Sept. weiß, rosa, rot, blau	bis 2,5 m aufrecht	[12][12]	gut gießen und düngen; frostfrei überwintern	schöne Kübelpflanze; ab Juni auch im Beet
Lavendel (*Lavandula angustifolia*)	☼	Juni–Juli weiß, blau, violett	20–90 cm buschig	[12][12]	wenig gießen, nicht düngen; nach der Blüte Rückschnitt	schön mit Rosen zu kombinieren
Lorbeerbaum (*Laurus nobilis*)	☼ ●	April–Mai grünlich-gelb	bis 2 m buschig	[12][12]	mäßig gießen und düngen; frostfrei überwintern	besonders schön als Kugelbaum am Eingang
Schmucklilie (*Agapanthus praecox*)	☼	Juli–Sept. weiß, blauviolett	bis 1 m buschig	[12][12]	gut gießen und düngen; frostfrei überwintern	eine der auffälligsten Kübelpflanzen
Strauchmargerite (*Argyranthemum frut.*)	☼ ◑	ganzjährig weiß, gelb, rosa	50–100 cm buschig	[12][12]	gut gießen und düngen; frostfrei überwintern	attraktive Kübelpflanze; auch als Hochstamm
Wandelröschen (*Lantana-Camara*-Hybr.)	☼ ☠	Juni–Okt. gelb, rosa, rot, lila	30–100 cm buschig	[12][12]	mäßig gießen und düngen; frostfrei überwintern	hübsch als Hochstamm oder Unterpflanzung

Take-it-easy-Pflanzen:
Gehölze, Schling- und Kletterpflanzen

GEHÖLZE

Name	Licht	Blütezeit Farbe	Höhe Wuchs	Lebensdauer	Pflege-Basics	Verwendungstipps
Bergkiefer (*Pinus mugo*)	Sonne	Mai–Juni grün	50–300 cm strauchig	mehrjährig	möglichst nicht schneiden	einzeln oder in Gruppen attraktiv, auch im Kübel
Buchs (*Buxus sempervirens*)	Sonne, Schatten	April–Mai gelbgrün	1–3 m strauchig	mehrjährig	Formschnitt im Juli; gelegentlich auslichten	einzeln attraktiv, auch als Einfassung, im Kübel
Federbuschstrauch (*Fothergilla major*)	Sonne, Halbschatten	Mai weiß	1,5–2 m kegelig	mehrjährig	braucht nur an trockenen Standorten Wassergaben	sehr schöner Solitär mit Herbstfarbe in Orange
Lorbeerkirsche (*Prunus laurocerasus*)	Sonne, Schatten	Mai–Juni weiß	1–2,5 m strauchig	mehrjährig	möglichst nicht schneiden; liebt Kalk im Boden	immergrüne Art für Gruppen, Bodendecker
Perückenstrauch (*Cotinus coggygria*)	Sonne, Halbschatten	Juni–Juli grüngelb	2–4 m breit	mehrjährig	möglichst nicht schneiden; liebt Kalk im Boden	sehr schöner Solitär oder in lockerer Gruppe
Roseneibisch (*Hibiscus syriacus*)	Sonne	Juli–Sept. weiß, rosa, rot, violett	1,5–2 m aufrecht	mehrjährig	mit Reisig vor Frost schützen	als Solitär oder in kleinen Gruppen
Schneespiere (*Spiraea* x *arguta*)	Sonne, Halbschatten	April–Mai weiß	1,5–2 m breit	mehrjährig	alle 2–3 Jahre die älteren Triebe auslichten	als Solitär oder in kleinen Gruppen
Zaubernuss (*Hamamelis* x *intermedia*)	Sonne, Halbschatten	Dez.–März, gelb, orange, rot	2–3,5 m strauchig	mehrjährig	möglichst nicht schneiden oder wieder verpflanzen	als Solitär vor dunklem Hintergrund

SCHLING- UND KLETTERPFLANZEN

Name	Kurzinfo	Blütezeit Farbe	Höhe Wuchs	Lebensdauer	Pflege-Basics	Verwendungstipps
Duftwicke (*Lathyrus odoratus*)	Sonne, Halbschatten	Juni–Sept. weiß, rosa, rot, violett	60–200 cm kletternd	einjährig	bei Trockenheit gießen; Verblühtes entfernen	für Zaun und Klettergerüst, Sichtschutz
Efeu (*Hedera helix*)	Giftpflanze, Sonne, Halbschatten	Sept.–Okt. gelbgrün	5–30 cm kletternd	mehrjährig	braucht nur bei glatten Flächen Kletterhilfe	robuster Bodendecker und Kletterer
Feuerbohne (*Phaseolus coccineus*)	Sonne	Juni–Sept. rot, weiß	2–3,5 m kletternd	einjährig	bei Trockenheit gießen; Verblühtes entfernen	schöner Sicht- und Windschutz; in Kübeln
Geißblatt (*Lonicera caprifolium*)	Giftpflanze, Sonne, Schatten	Mai–Juni gelb und weiß	2,5–4 m kletternd	mehrjährig	braucht Kletterhilfe; gelegentlich auslichten	zur Begrünung von Mauern und Pergolen
Kletterhortensie (*Hydrangea an. ssp. pet.*)	Halbschatten, Schatten	Juni–Juli weiß	4–7 m kletternd	mehrjährig	Triebe anfangs etwas aufleiten	zur Begrünung von Mauern; als Solitär
Trompetenblume (*Campsis radicans*)	Sonne	Juli–Sept. orange, rot	4–8 m kletternd	mehrjährig	in windigen Lagen festbinden	für Terrassen und Mauern, auch in Kübeln
Waldrebe (*Clematis*-Hybriden)	Sonne, Halbschatten	Mai–Juni weiß, rosa, rot, lila	2–6 m rankend	mehrjährig	braucht Kletterhilfe; bei Trockenheit gießen	für Zäune, Wände und Pergolen
Winterjasmin (*Jasminum nudiflorum*)	Sonne, Halbschatten	Dez.–April gelb	1–3 m klimmend	mehrjährig	Triebe aufbinden; gelegentlich auslichten	frei wachsend oder am Gerüst, auch in Kübeln

Sonne · Halbschatten · Schatten · einjährig · zweijährig · mehrjährig · Giftpflanze

Pflegeleichte Kräuter und Nutzpflanzen

KRÄUTER

Name	Licht	Erntegut Erntezeit	Höhe Wuchs	Lebens- dauer	Pflege-Basics	Verwendungstipps
Basilikum (*Ocimum basilicum*)	☼	Blätter, Triebe vor der Blüte	30–50 cm buschig	[12]	ab Mitte Mai ins Freie; ganzjährige Topfkultur	frisch zu Salat, Saucen, Tomaten, Fleisch, Fisch
Borretsch (*Borago officinalis*)	☼ ◑	Blätter, Blüten Mai–Okt.	40–60 cm buschig	[12]	Aussaat April–Juni; bei Trockenheit gießen	frisch zu Gurken, Salat, Quark, Eierspeisen, Fisch
Oregano (*Origanum vulgare*)	☼	Blätter, Triebe Mai–Okt.	40–50 cm buschig	[[12]]	Aussaat ab April; braucht etwas Winterschutz	frisch oder getrocknet zu Pizza, Nudelgerichten
Petersilie (*Petroselinum crispum*)	☼ ◑	Blätter Mai–Okt.	20–30 cm buschig	[[12]]	Aussaat März–Juli; ganzjährige Topfkultur	frisch oder gefroren zu Saucen, Salaten, Suppen
Rosmarin (*Rosmarinus officinalis*)	☼	Blätter Mai–Okt.	30–80 cm buschig	[[12]]	ab Mitte Mai ins Freie; ganzjährige Topfkultur	frisch oder getrocknet zu mediterranen Gerichten
Salbei (*Salvia officinalis*)	☼	Blätter Mai–Nov.	30–70 cm buschig	[[12]]	Aussaat ab Mai; braucht etwas Winterschutz	frisch oder getrocknet zu Fleisch, Eintopf, Fisch
Schnittlauch (*Allium schoenoprasum*)	☼ ◑	Blätter, Blüten Mai–Nov.	20–30 cm grasartig	[[12]]	Aussaat ab April; ganzjährige Topfkultur	frisch oder gefroren zu Salat, Ei, Quark, Gemüse
Thymian (*Thymus vulgaris*)	☼	Blätter, Triebe Mai–Nov.	10–30 cm buschig	[[12]]	Pflanzung ab Mai; braucht etwas Winterschutz	frisch oder getrocknet, zu Pizza, Tomaten, Fleisch

NUTZPFLANZEN

Name	Licht	Erntegut Erntezeit	Höhe Wuchs	Lebens- dauer	Pflege-Basics	Verwendungstipps
Dornenlose Brombeere (*Rubus spec.* 'Nessy')	☼	Beeren Juli–Sept.	2–3 m rankend	[[12]]	Geiztriebe entfernen; bei Trockenheit gießen	frisch oder gefroren zu Desserts, Kuchen
Gartenerdbeere (*Fragaria* x *ananassa*)	☼	Beeren Juni–Sept.	15–20 cm buschig	[[12]]	Ausläufer entfernen; Früchte auf Stroh betten	frisch oder gefroren zu Desserts, Kuchen
Johannisbeere (*Ribes*-Arten)	☼	Beeren Juni–Aug.	1,5–1,8 Strauch	[[12]]	im Spätwinter alte Triebe entfernen oder stutzen	frisch oder gefroren zu Desserts, Kuchen
Pflücksalat (*Latuca sativa* var. *crispa*)	☼ ◑	Blätter Mai–Okt.	20–30 cm Rosette	[12]	Aussaat April–August; bei Trockenheit gießen	frisch für Salate; Mischungen ziehen
Radieschen (*Raphanus sativus*)	☼	Knollen Mai–Okt.	10–15 cm Knolle	[12]	Aussaat März–September; bei Trockenheit gießen	frisch für Salate, aufs Butterbrot
Rucola (*Eruca sativa* ssp. *sativa*)	☼ ◑	Blätter Mai–Okt.	10–25 cm Rosette	[12]	Aussaat April–September; nicht zu viel gießen	frisch für Salate, zu Nudelgerichten
Tomate (*Lycopersicon esculentum*)	☼	Früchte Juli–Sept.	60–180 cm buschig	[12]	ab Mitte Mai ins Freie; Geiztriebe ausbrechen	frisch für Salate, gekocht für Suppen und Saucen
Zucchini (*Cucurbita pepo*)	☼	Früchte Juli–Okt.	50–80 cm buschig	[12]	ab Mitte Mai ins Freie; bei Trockenheit gießen	gekocht als Beilage, große zum Füllen geeignet

Zum Nachschlagen

BÜCHER, DIE WEITERHELFEN

Engels, Sybille: **Basic gardening.** Gräfe und Unzer Verlag, München

Heimberger-Preisler, Karin: **Zwiebelblumen & Co.** Gräfe und Unzer Verlag, München

Hensel, Wolfgang: **GARTENSPASS für Einsteiger.** Gräfe und Unzer Verlag, München

Hensel, Wolfgang: **Natürlich gärtnern.** Gräfe und Unzer Verlag, München

Kötter, Engelbert: **Küchengarten.** Gräfe und Unzer Verlag, München

Kötter, Engelbert: **Küchenkräuter.** Gräfe und Unzer Verlag, München

Mayer, Joachim: **Balkonpflanzen.** Gräfe und Unzer Verlag, München

Rau, Heide: **Rosen.** Gräfe und Unzer Verlag, München

Taudte-Repp, Beate: **Immergrüne Gärten.** Gräfe und Unzer Verlag, München

ZEITSCHRIFTEN

FLORA
Gruner und Jahr AG
20459 Hamburg

Gartenspaß, Garten & Wohnen sowie **mein schöner Garten**
Burda Senator Verlag GmbH
77652 Offenburg

Kraut & Rüben
DLV Verlagsgesellschaft mbH
80797 München

DANK

Frau Jäger, Hohenberg
Fam. Meyerhöfer, Hauenreuth
Fam. Hellus, Selb
Fam. Krug, Selb
Fam. Durchholz, Selb
Fam. Gewinner, Oschwitz
Fam. Badmüller, Heidelheim
Fam. Freiberg, München
Fam. Rußwurm, Hohenberg
Fam. Schmidt, Hohenberg
Fam. Köhler, Hohenberg
Fam. Cefr, Hohenberg
Fam. Seifert, Arzberg
Andi Schmid, München
Fam. Paul, Selb
Fam. Jahreiß, Selb
Günter Wunderlich, Selb
Fa. JAKO-O, Bad Rodach (Sonnensegel) (www.jako-o.de)
Fa. Gardena, Ulm (Tropfschlauch) (www.gardena.com)
Gartencenter Baumarkt Toom, Selb

INTERNET-ADRESSEN

www. botanikus.de
www. bund-deutscher-baumschulen.de
www. gartencenter.de
www. gartenlinksammlung.de
www. greenseek.de
www. g-net.de
www. lbp.bayern.de
www. stauden.de

REGISTER

IMPRESSUM

Die Autorin
Dipl. Ing. agr. Jolanda Englbrecht studierte an der Technischen Universität München-Weihenstephan Gartenbau-Wissenschaften mit dem Schwerpunkt Arznei- und Gewürzpflanzenbau. Sie ist ebenso ambitionierte Gärtnerin wie Büchermacherin – als Autorin und auch als Redakteurin.

Redaktionsleitung: Anne Hahnenstein
Lektorat: Eva Wagner
Layout + Umschlaggestaltung: independent Medien-Design, München
Herstellung: Maike Harmeier
Satz: Bernd Walser Buchproduktion, München
Reproduktion: Fotolito Longo, Bozen
Druck: Appl, Wemding
Bindung: Conzella, Pfarrkirchen
Printed in Germany

ISBN 3-7742-3765-4

Auflage	4.	3.	2.
Jahr	2005	2004	2003

GRÄFE UND UNZER

Ein Unternehmen der
GANSKE VERLAGSGRUPPE

Fotoproduktion
Eva Wunderlich und Manfred Jahreiß

Weitere Fotos
Strauß: S. 17 re.
Becker: S. 18 o. re.

Wichtige Hinweise
➤ Einige der in diesem Buch aufgeführten Pflanzen sind giftig oder hautreizend. Sie dürfen nicht verzehrt werden.
➤ Alle Dünge- und Pflanzenschutzmittel, auch die biologischen, müssen unbedingt so aufbewahrt werden, dass sie für Kinder und Haustiere unerreichbar sind. Der Verzehr dieser Mittel kann zu gesundheitlichen Schäden führen. Außerdem dürfen sie nicht in die Augen gelangen.
➤ Wenn Sie sich bei der Gartenarbeit verletzen, sollten Sie umgehend einen Arzt aufsuchen. Eventuell ist eine Impfung gegen Tetanus erforderlich.

Ihr Gräfe und Unzer Verlag
Redaktion Garten
Stichwort: Weekend-Gärtner
Postfach 86 03 66
D-81630 München
Fax: 089/41981-113
e-mail: leserservice@graefe-und-unzer.de

Umwelthinweis
Dieses Buch wurde auf chlorfrei gebleichtem Papier gedruckt. Um Rohstoffe zu sparen, haben wir auf Folienverpackung verzichtet.